国家改革和发展示范学校建设项目
课程改革实践教材
全国中职汽车专业实用型规划教材

汽车文化

主　编　张兴华
副主编　毛　建　宗丽娜　朱国良　陈茂阳
编　者　张松松

内容简介

本书主要介绍了汽车的过去、现在和未来,从而使读者对汽车及汽车工业有较为全面的了解。本书参照相关专业岗位标准,结合中等职业学校的认知特点及兴趣进行编写,具有激发兴趣、启迪思维、培养志趣的作用。

本书可作为汽车运用与维修专业、汽车整车与配件营销等交通运输专业及汽车制造与检修、汽车电子技术应用等制造类专业的基础教材。

图书在版编目(CIP)数据

汽车文化/张兴华主编. —哈尔滨:哈尔滨工业大学出版社,2014.8
ISBN 978-7-5603-4885-8

Ⅰ.①汽⋯ Ⅱ.①张⋯ Ⅲ.①汽车-文化-高等学校-教材 Ⅳ.①U46-05

中国版本图书馆 CIP 数据核字(2014)第 177600 号

责任编辑	苗金英
出版发行	哈尔滨工业大学出版社
社　　址	哈尔滨市南岗区复华四道街10号　邮编150006
传　　真	0451-86414749
网　　址	http://hitpress.hit.edu.cn
印　　刷	天津市蓟县宏图印务有限公司
开　　本	850mm×1168mm　1/16　印张10　字数286千字
版　　次	2014年8月第1版　2014年8月第1次印刷
书　　号	ISBN 978-7-5603-4885-8
定　　价	24.00元

(如因印装质量问题影响阅读,我社负责调换)

前言

　　汽车发明于19世纪。一百多年来,世界汽车工业发生了巨大的变化,中国的汽车工业发展也走过了50多年的历程。毫不夸张地说,汽车已渗透到人类生活的各个方面,从日常生活到工农业生产,从休闲娱乐到军事活动,处处都离不开汽车,汽车已成为人类密不可分的朋友。为了使汽车专业的学生入校后尽快对汽车及汽车工业有较为全面的了解,我们编写了本书,从本书中,学生可以了解到汽车的过去、现在和未来,从而扩大知识面,培养和提高综合素质。本书可作为汽车运用与维修专业、汽车整车与配件营销等交通运输专业及汽车制造与检修、汽车电子技术应用等制造类专业的基础教材。本教材参照了相关专业岗位标准,结合中等职业学校的认知特点及兴趣编写,具有激发兴趣、启迪思维、培养志趣的作用。本教材以科学发展观为指导,以就业为导向,以服务为宗旨,以能力为本位,在教学内容中增加了拓展阅读部分,在课后练习中设置了大量开放性问题,勉励学生通过网络及其他渠道获取相应的知识,从而引导学生在查找中提高能力,培养情感,形成专业素养。

　　本书特色

　　1.根据职业能力要求,按工作项目设计"项目"和"任务",活动以汽车科普知识为主。

　　2.注重汽车历史文化教育,渗透职业道德教育,理想教育和爱岗敬业、团队合作、创业思想教育,注重安全意识和环保意识的培养。

　　3.突出服务意识,以任务为导向,目标、课时分配明确具体,便于教师使用,也方便学生自学。

　　4.注重实用性和适用性,紧密联系生活、生产实际,联系学生未来职业需要;选材合理,分量适中,符合中职生的阅读能力和习惯。

本书内容

模块1.汽车及发展历程概述。介绍汽车的发展历史,让学生知道汽车的来源。

模块2.世界著名汽车公司。介绍世界著名汽车公司的企业文化及主要产品,让学生在国际视野下了解汽车产业发展状况,并学会收集资料。

模块3.中国著名汽车公司。介绍中国著名汽车公司的企业文化、主要产品及发展简史,让学生在将目光收缩到国内来的同时也培养学生的民族自豪感、自信心和使命感。

模块4.汽车艺术。介绍汽车艺术的理念及发展历程,介绍汽车改装及汽车音乐的相关知识。

模块5.汽车展览。介绍世界著名的五大车展及中国上海车展的规模、特点等。

模块6.汽车运动。介绍世界著名汽车运动的起源及世界著名赛事。

模块7.汽车未来。介绍汽车安全技术及新技术。

模块8.汽车生活。介绍道路安全知识及驾驶安全常识。

教学建议

序号	内容	教学建议课时	备注
模块1	汽车及发展历程概述	4	使用网络资源丰富相关知识
模块2	世界著名汽车公司	9~10	使用网络资源
模块3	中国著名汽车公司	9	使用网络资源
模块4	汽车艺术	4	组织专题研讨
模块5	汽车展览	7	使用网络资源
模块6	汽车运动	6	使用网络资源
模块7	汽车未来	5	组织专题研讨
模块8	汽车生活	4	查找资料、专题研讨等

1.建议由具备一定专业能力的教师任教。

2.采用现场式教学,开放网络平台及使用多媒体教学。

3.多组织学生参加社会实践活动,小组合作学习活动。

本书由成都汽车职业技术学校张兴华老师担任主编,毛建、宗丽娜、朱国良、陈茂阳老师担任副主编,张松松老师参与编写工作。本书在编写过程中,检索了相关的汽车网站,参考了相关的文献,在此对各位作者谨表深深的谢意。

由于编者的水平有限,书中不妥之处在所难免,敬请同行专家和广大读者批评指正,以便再版时改正。

编 者

目录 CONTENTS

模块 1　　汽车及发展历程概述 / 1

任务 1.1　汽车的定义及分类 / 2
任务 1.2　汽车的诞生 / 4
任务 1.3　世界汽车工业发展历程 / 8
任务 1.4　中国汽车工业发展历程 / 12

模块 2　　世界著名汽车公司 / 18

任务 2.1　通用汽车公司 / 19
任务 2.2　福特汽车公司 / 22
任务 2.3　奔驰汽车公司 / 25
任务 2.4　宝马汽车公司 / 27
任务 2.5　大众汽车公司 / 30
任务 2.6　法拉利汽车公司 / 33
任务 2.7　丰田汽车公司 / 35
任务 2.8　沃尔沃汽车公司 / 38

模块 3　　中国著名汽车公司 / 43

任务 3.1　中国第一汽车集团公司 / 44
任务 3.2　上海汽车集团 / 47
任务 3.3　北京汽车集团 / 50
任务 3.4　东风汽车集团 / 53
任务 3.5　吉利汽车集团 / 56
任务 3.6　奇瑞汽车集团 / 59
任务 3.7　比亚迪汽车集团 / 62
任务 3.8　长城汽车集团 / 64

模块 4　　汽车艺术 / 70

任务 4.1　汽车涂鸦 / 71
任务 4.2　汽车改装 / 73
任务 4.3　汽车音乐 / 75
任务 4.4　我的汽车 LOGO / 78

CONTENTS

模块 5   汽车展览 / 83

任务 5.1   美国底特律车展 / 84
任务 5.2   德国法兰克福车展 / 87
任务 5.3   法国巴黎车展 / 90
任务 5.4   瑞士日内瓦车展 / 93
任务 5.5   日本东京车展 / 96
任务 5.6   中国上海车展 / 98

模块 6   汽车运动 / 103

任务 6.1   汽车运动的起源及类型 / 104
任务 6.2   方程式赛车 / 109
任务 6.3   汽车拉力赛 / 113
任务 6.4   勒芒 24 小时耐力赛 / 116
任务 6.5   场地越野赛 / 118

模块 7   汽车未来 / 123

任务 7.1   汽车动力技术 / 124
任务 7.2   汽车安全技术 / 127
任务 7.3   汽车智能技术 / 129
任务 7.4   汽车娱乐技术 / 133
任务 7.5   汽车环保技术 / 136

模块 8   汽车生活 / 141

任务 8.1   汽车驾驶基本常识 / 142
任务 8.2   交通标志 / 144
任务 8.3   交通法规 / 148

参考文献 / 153

模块 1

汽车及发展历程概述

【教学目标】

1. 了解汽车的定义及分类。
2. 了解汽车是如何诞生的。
3. 简述世界汽车工业发展历程。
4. 简述中国汽车工业发展历程。

【课时计划】

序号	任务内容	参考课时	备注
任务 1.1	汽车的定义及分类	1	
任务 1.2	汽车的诞生	1	
任务 1.3	世界汽车工业发展历程	1	
任务 1.4	中国汽车工业发展历程	1	

> 情境导入
>
> 一个多世纪以来,汽车被称为"改变世界的机器",从价格昂贵的奢侈品变成了现代社会不可或缺的重要交通工具。各种现代化的汽车遍布世界各地,在我国汽车也已经开始进入千家万户。本模块将从宏观上讲解整个世界汽车工业的大体发展与现状;中观上,讲解中国汽车工业的发展与现状;微观上,讲解汽车的起源、定义与分类。

任务1.1 汽车的定义及分类

1.1.1 汽车的定义

出于对汽车及交通运输管理的需要,每一个国家都必须给出一个明确的定义。有些国家甚至把汽车定义与争夺汽车发明权联系起来。

1. 我国对汽车的定义

我国对汽车的定义如下:有动力装置驱动、具有4个或4个以上车轮的非轨道承载的车辆叫作汽车。汽车主要用于:载运人员或货物;牵引载运人员或货物的车辆;特殊用途。此定义排除了摩托车、装甲车、坦克等,但拖拉机、电瓶汽车等均包括在内。现在人们通常所说的汽车一般专指由汽油(或柴油)内燃机驱动的汽车。

2. 美国对汽车的定义

美国对汽车的定义是:由本身携带的动力驱动(不包括人力、畜力和风力)、装有驾驶操纵装置的、在固定轨道以外的道路或自然地域上运输客、货或牵引其他车辆的车辆。

此定义给出了汽车的用途,但没有指明动力装置的形式,也没有对车轮数目进行限制。按照这一定义,摩托车、拖拉机均属于汽车,而装甲车、坦克等都不属于汽车。

3. 日本对汽车的定义

日本对汽车的定义是:不依靠架线和轨道、带有动力装置、能够在道路上行驶的车辆。

这一定义没有指明汽车的用途。照此定义,在道路上玩耍的儿童玩具汽车也属于汽车。

4. 德国对汽车的定义

德国对汽车的定义是:使用液体燃料、用内燃机驱动、具有3个或3个以上轮子、用于载运成员或货物的车辆。

这个定义特别强调了使用液体燃料的内燃机驱动,因为德国人卡尔·本茨在1886年获得了用汽油机驱动的三轮车的专利。

1.1.2 汽车的分类

汽车的分类方法有很多,一般按照用途、动力装置、使用燃料、驱动方式等将其分类,不同的分类方法反映了汽车的不同属性。

根据汽车的用途,可将汽车分为乘用车和商用车。

按照动力装置,可将汽车分为内燃机汽车、电动汽车和混合动力汽车。

按照使用的燃料,可将汽车分为汽油车、柴油车和天然气汽车等。

按照驱动形式,可将汽车分为前轮驱动、后轮驱动和全轮驱动等。

按发动机各个总成的相对位置和布置形式,可将汽车分为发动机前置后轮驱动、发动机前置前轮驱动、发动机后置后轮驱动和发动机中置后轮驱动。

国际上通常将汽车车型归为两大类,一类为乘用汽车,另一类为商用汽车。

日常生活中人们还有一种按汽车用途分类的方法:将汽车分为轿车、越野汽车、客车、牵引汽车、半挂牵引汽车、专用汽车和载货汽车等。

1.1.3 汽车市场比较流行的汽车分类方法

德国大众的轿车分类法具有代表性,将轿车分为A、B、C、D级,其中A级车又可分为A00、A0和A三级,相当于我国微型轿车和普通型轿车;B级和C级分别相当于我国的中级轿车和中高级轿车;D级车相当于我国的高档轿车。

1. A级车(小型车)

A00级轿车的轴距应为2~2.2 m,发动机排量小于1 L,例如奥拓就属于A00级轿车;A0级轿车的轴距为2.2~2.3 m,排量为1~1.3 L,比较典型的是两厢夏利轿车;一般所说的A级车,其轴距范围为2.3~2.45 m,排量为1.3~1.6 L,一汽大众的捷达、上海大众的POLO都算得上是A0级车当中的明星。其他A级轿车如图1.1所示。

(a) A00级奇瑞QQ   (b) A0级大众POLO   (c) A级标志307

图1.1 A级轿车

通俗来讲,A00级车指的是以奇瑞QQ、通用五菱SPARK为代表的微型轿车;A0级车是指以上海大众POLO、广本飞度、通用赛欧为代表的普及型轿车;A级车是指以北京现代伊兰特、一汽-大众宝来、东风标致307、日产颐达、别克凯越、丰田花冠、福特福克斯、起亚赛拉图等为代表的中级轿车。

2. B级车(中档轿车)

B级中档轿车轴距为2.45~2.6 m,排量为1.6~2.4 L。近年来,B级车市场逐渐成为国内汽车企业拼杀的主战场,奥迪A4、帕萨特、中华、东方之子等众多车型均属于B级车阵营。B级车是指以上海大众帕萨特、一汽-大众迈腾(图1.2)、广本雅阁为代表的行政级中档轿车。

3. C级车(高档轿车)

C级高档轿车的轴距为2.6~2.8 m,发动机排量为2.3~3.0 L,国内名气最大的C级车非奥迪A6(图1.3)莫属。

图1.2 B级大众迈腾   **图1.3 C级奥迪A6**

4. D级车(豪华轿车)

D级豪华轿车大多外形气派,车内空间极为宽敞,发动机动力也非常强劲,其轴距一般均大于2.8 m,排量基本都在3.0 L以上,目前常见的D级车有奔驰S系列、宝马7系(图1.4)、奥迪A8、劳斯莱斯、宾利等几个品牌的车型。

图1.4 D级宝马7系

另外还有SUV车:全称是Sport Utility Vehicle,中文意思是运动型多用途汽车。现在主要是指那些设计前卫、造型新颖的四轮驱动越野车。SUV一般前悬架是轿车型的独立悬架,后悬架是非独立悬架,离地间隙较大,在一定程度上既有轿车的舒适性又有越野车的越野性能。由于带有MPV式的座椅多组合功能,使车辆既可载人又可载货,适用范围广。

本节主要对汽车的定义、汽车的分类方法进行系统的讲解和分析。同时,仅仅通过书本的学习还不能够全面地了解汽车,还要通过完成课后拓展练习,查找相关的资料拓宽知识面。

课后练习

通过网络查询收集信息,回答下列问题。
1. 请列举出现在市场上流行的5款SUV车型。
2. 请列举出除POLO以外的3款A0级车型。
3. 请列举出除标志307以外的5款A级车型。
4. 请列举出除奥迪A6以外最畅销的C级车型。
5. 请列举出最畅销的5款D级车型。

任务1.2 汽车的诞生

卡尔·费里特立奇·本茨在1886年1月29日首先取得了第一辆三轮汽车的发明专利(图1.5),由此标志着汽车的诞生。而且,本茨的第一辆车至今仍完好保存在德国斯图加特市的"本茨汽车博物馆"内。所以,本茨也就成了当之无愧的"世界汽车之父"。

但事情并非看上去的那么显而易见。因为任何事物的发展都不可能是一蹴而就的，都必然要经过长期复杂的演变从而达到一个较为成熟的概念。汽车的诞生也同样经过了这样一个必然的过程。本茨取得了汽车发明的专利，开创了汽车发展史的里程碑。但在他之前，已有许多人为汽车的发展做出了不可磨灭的贡献。他们有的留下了名，有的留下了成就，但更多的是无名无利不为人知的点滴积累。正是这些人默默无闻的奉献才为本茨的发明和汽车的成长铺就了成功的大道。但是，凡事人们总想挖出个头尾。本茨作为"世界汽车之父"，这一似乎是无可争辩的事实并不能彻底堵住人们的嘴巴。法国人有着法国人的说法，英国人也同样有他们自己的见解。那么汽车之路的源头到底在什么地方呢？

图 1.5　卡尔·本茨发明的汽车

1769 年，法国巴黎附近的一所军营中有一位工程师——古纳上尉。由于当时法国社会矛盾激烈，对外战事频繁。古纳觉得打仗时士兵用人力推动大炮又慢又累，便想用别的动力拖动大炮。恰在这时，瓦特的蒸汽机研制成功了。古纳便用他天才的想象力将蒸汽机装在了一辆三轮车上，以蒸汽产生的动力来拖动大炮。就这样，一个三轮怪物轰动了整个军营。它有一个木制的架子，架子的前头有一个大肚子铜炉，用它产生的蒸汽带动连杆来驱动一个前轮。架子的后部是两个较大较细的木制车轮。这辆车噪声极大而且浓烟滚滚，每小时只能走大约 4 km，每隔 10 几分钟就要停下来补充燃料。在"时间就是生命"的战场上，古纳觉得还是人推更快点。第二年，古纳用这辆蒸汽三轮车拖动大炮做了一次行驶试验，试车结果却是车子一头撞在了墙上。在这之后，古纳又仿造了另一辆同样的车，并成功地进行了试车。现在，该车的实物保存在"巴黎科学技术馆"内。这也世界上公认的第一辆蒸汽汽车(图 1.6)。

图 1.6　古纳上尉发明的"汽车"

1799 年，英国人特莱维西制造出了英国历史上第一辆蒸汽汽车(图 1.7)。由于当时的充气硬橡胶轮胎还未发展成熟，极易破损。这就使得汽车在行驶起来比糟糕的路面更加糟糕。于是，他将车架在了两条铁轨上，这就是火车的雏形。

1804 年，法国人威迪克制造出了一辆蒸汽汽车(图 1.8)。该车比古纳的车有了很大进步，动力增强，噪声降低，速度也有了一定的提高。这辆车拖着十几吨重物行驶了 15.7 km，创下了当时汽车负重行驶的纪录。1815 年，捷克人普什克制造出了世界上第一辆载客汽车。该车有 4 个座位，以蒸汽为动力。但令人遗憾的是，因为当时普什克用于展览的钱被窃，在万分失望之余，他竟将自己的汽车砸了个粉身碎骨。由此，世界上第一辆载客蒸汽汽车的原形车也就毁于一旦了。

图 1.7　特莱维西发明的"蒸汽汽车"

1859 年，在英国白金汉郡有一个名叫李克特的铸工。他吸取了前人的经验教训，制造了三辆载人蒸汽汽车。这三辆载人蒸汽汽车的经历非凡，一辆在当时被✕✕与维多利亚皇后表演;一辆由卡士尼斯伯爵行驶了有历史意义的235 km;第三辆作为他自己的研究试验车。之后,李克特为推销自己的汽车,以每辆低于200英镑卖了它们。这也是人类历史上第一次公开销售汽车。1859年,法国人兰诺尔研制成功了世界上第一台二冲程内燃机。但其形式还相当原始,发动机并不压缩混合气体。后来他将这台内燃机装在了一辆马车上,其时速不到8 km。但是,兰诺尔的发明为内燃机的发展提供了重要的实践经验。

图1.8　威迪克发明的"蒸汽汽车"

1862年,法国人罗希在兰诺尔的基础上提出了四冲程内燃机原理,这一原理的提出为奥托发明四冲程内燃机提供了重要的理论基础。1873年,在法国勒芒市有一个叫阿梅代·博勒的年青技工。1885年,阿梅代和父亲一同制造了一辆大型蒸汽邮车(图1.9)。蒸汽机位于车身中央的底下,用活塞带动链条再将动力传至后轮,用此动力驱动车子。据说此车的研制费竟高达2万法郎,按当时计算,这可不是一笔小数目。同年,阿梅代还独自制造了一辆小型蒸汽汽车。此后,他用内燃机代替蒸汽机做动力装置,但此车并未能留传下来,因此他也就与"世界汽车之父"的桂冠失之交臂了。阿梅代自1837年开始,在近50年的漫长岁月中,为蒸汽汽车向更高阶段发展做出了不可磨灭的贡献。

1876年,德国人尼柯劳斯·奥格斯特·奥托(Nikolaus August Otto)(图1.10)在法国人罗希的基础上发明了"进气、压缩、做功、排气"的四冲程发动机。内燃机与蒸汽机相比:体积小,噪声小,动力性更强。奥托的发动机以煤气作为燃料,转速达到了200 r/min。奥托为自己的发明申请了专利。从此,汽车的发展便进入了内燃机时代。

图1.9　阿梅代和父亲发明的"蒸汽邮车"

图1.10　奥托

1883年,距卡尔·本茨居住的斯图加特市仅80 km的小城曼海姆中,另一位与本茨齐名的汽车发明巨匠正在创造着他的汽车。这个人就是戈特利布·戴姆勒(Gottlieb Daimler)。早在1872年,戴姆勒曾受聘于奥托一朗根公司。作为一名技术部主任的他经过长时间研究,认为奥托的煤气发动机污染大且稳定性差。于是他用汽油代替煤气作为燃料。而且他还测定出91%的汽油与9%的空气相混合,其燃烧比最大。同时,他还根据汽油发动机研制出了化油器;将点火装置的触点改用白金;把汽缸数增至两个并用循环水方式加以冷却。这一系列改变,使得发动机的功率显著提高,转速达到了900 r/min。白金触点的应用使汽车启动时更灵敏、更可靠。但由于在燃料这一关键问题上的分歧,戴姆勒总是没有施展才华的机会。于是,戴姆勒于1881年辞职建立了自己的工厂。1883年,他终于制造出了自己的汽油发动机。后来,他将这台发动机装在了一辆木制自行车上。由此,世界上第一辆摩托车就这样诞生了。1885年,戴姆勒为缩小发动机体积,将发动机由卧式改成了立式,并取名"立钟"。而后,他把"立钟"装在了为庆祝妻子生日买的马车上。就这样,世界上第一辆四轮汽车(图1.11)诞生了。这辆车发动机排量为0.462 L,最大功率为1.1马力(1马力=0.735 kW),最高时速为16 km,并且取得了从斯图加特到康斯塔特的试车成功。

图1.11 戴姆勒发明的汽车

1885年,就在戴姆勒发明了他的汽车的同时,"世界汽车之父"卡尔·费里特立奇·本茨也同时在实现着他的"不需马拉的车子"的梦想。1879年,本茨在他自己的工厂中研制出了一台二冲程发动机。虽然仅仅是一台二冲程发动机,却是世界上最早的空气压缩点火发动机。1883年,本茨创办了莱茵煤气发动机厂,开始了他制造汽车的梦想。1885年,本茨造出了一台单缸汽油发动机,并将它装在了一辆三轮车上,这也就是世界公认的第一辆汽车。该车的发动机排量为785 mL,最大输出功率为0.89马力,最高时速为15 km。本茨的汽车噪声极大,因此遭到他人的厌恶,但本茨并未因此而放弃。也正是这辆其貌不扬、其声如雷的汽车,开辟了汽车历史的新时代。本茨为他的发明申请了专利。1886年1月29日,卡尔·本茨取得了汽车专利证(图1.12),其证件号为37435,发明时间是1886年1月29日,发明人是卡尔·本茨。一代"世界汽车之父"也就宣告诞生了。

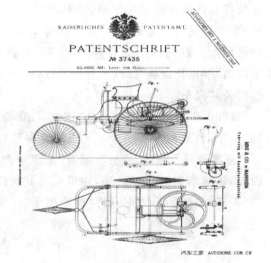

图1.12 卡尔·本茨的汽车发明专利证书

跨过历史流动的长河,走过汽车发展的长路,无数知名与不知名的人曾经或正在为汽车事业倾注着自己的心血。正是他们点滴的贡献才最终创造了汽车,才最终撑起了汽车工业。谁又能说汽车的诞生能够离开他们,他们不是汽车的发明者呢?

课后练习

通过网络查询收集信息,回答下列问题。
1. 请简述卡尔·本茨在申报汽车发明专利的过程中,他的妻子对他事业的帮助。
2. 请简述戴姆勒发明汽车的过程。
3. 请简述为什么是卡尔·本茨获得"汽车之父"的殊荣,而不是其他"汽车"发明者。

任务1.3 世界汽车工业发展历程

1.3.1 汽车工业的诞生地——德国

1886年德国人卡尔·本茨和戈特里布·戴姆勒分别成功地将内燃机装在三轮车和四轮车上,发明了世界上第一辆三轮汽车和四轮汽车。卡尔·本茨和戈特里布·戴姆勒无可非议是伟大的发明家,同时他们也是著名的企业家。

1872年,卡尔·本茨组建了"奔驰铁器铸造公司",1879年12月制造出第一台单缸煤气发动机,1883年创建奔驰公司和莱茵煤气发动机厂,经过不懈努力,他终于研制成功单缸汽油发动机,安装在自己设计的三轮车架上,于1886年1月29日取得了世界上第一个"汽车制造专利"。1893年,本茨研制出性能先进的"维克托得亚"牌汽车,但由于价格过高,成为滞销品。他后来听从商人的建议,于1894年开发生产"自行车",销路很好,给奔驰公司带来了较高的利润;之后又对前期生产的"维克托得亚"牌汽车进行了改进,将车厢座位设计成面对面的18个,成为世界上第一辆内燃机公共汽车。

1890年,戴姆勒与人合伙建立了戴姆勒发动机公司,进行固定式发动机和汽车的生产。1898年,奥地利车手埃米尔·杰里克向戴姆勒订购了一辆赛车,并以自己最喜欢的小女儿的名字"梅赛德斯"命名,"梅赛德斯"来源于西班牙圣徒的名字,象征美好和吉祥。"梅赛德斯"一路领先,击败所有对手。后来,杰里克将其代理经销的36辆戴姆勒汽车全部取名为"梅赛德斯"。1902年,戴姆勒公司正式将"梅赛德斯"作为自己产品的商标,一代名车"梅赛德斯"从此诞生了(图1.13)。

图1.13 名车——梅赛德斯

一直为竞争对手的奔驰公司和戴姆勒公司,迫于市场的压力,于1924年5月组成共同利益联盟,联合进行产品的销售和服务。1926年6月合并,改名为戴姆勒-奔驰汽车股份有限公司。

1.3.2 汽车工业的成长地——法国

尽管德国人发明了汽车,但在当时由于德国经济实力不如法国,所以汽车工业在法国得以成长。法国政府因军事需要修建了公路网,为汽车工业的发展创造了良好的条件。在19世纪90年代,法国潘哈德-拉瓦索公司生产了几万辆汽车。在此期间,法国人也发明了很多新技术,如齿轮变速器和差速器、前置发动机后轮驱动、万向节传动轴和齿轮主减速器等,更进一步促进了汽车工业的发展。到1904年,法国已有汽车厂350家,年产量达17 000辆。汽车工业在法国日益成长起来。但是,当时的汽车生产还都是单件、小批的生产模式,因为汽车是一种奢侈品,只有有钱人消费得起,他们不在乎价格,而要求自己汽车的独特形象,购买者在订购汽车时和制造厂家直接联系。所以,当时按同一型号设计制造的汽车,最多不超过50辆,制造厂家完全按订单进行生产。

1.3.3 汽车工业的成熟地——美国

美国的第一辆汽车比欧洲的第一辆汽车晚了好几年。但和法国、德国相比,美国人口众多、土地辽阔、物产丰富。1889年,美国经济超过了英、法、德,成为世界上最大的农业国。农业的蓬勃发展,使得农民对能替代自行车和马车的运输工具产生了强烈的需求。进入20世纪,在奢侈品市场基本满足后,制造商将目标转向中产阶级和农民阶层。1908年,福特汽车公司生产出世界上第一辆属于普通百姓的汽车——T型车(图1.14),世界汽车工业革命就此开始。1913年,福特汽车公司又开发出了世界上第一条流水线,这一创举使T型车一共达到了1 500万辆的单车销售纪录,缔造了一个世界纪录。亨利·福特先生为此被尊为"为世界装上轮子"的人。

20世纪30年代,汽车工业在美国得到大发展。在汽车工业的发展史上,福特的这种大规模流水装配线带来了工业生产的大变革。福特公司首创的流水线生产方式和管理模式成为后来汽车工业发展的楷模,掀起了世界范围内具有历史意义的"大批量生产"的产业革命。

图1.14 福特T型车

福特汽车公司解决了大规模生产的技术问题,而通用公司则完成了现代汽车公司组织管理体系的建立。从1908年开始,通用汽车的创始人威廉·杜兰特(图1.15)将20多家整车厂及汽车零部件公司合并为控股公司,在短短的几年内通用公司扩大了8倍,但由于后期的经营问题,杜兰特被迫辞职离开通用。

1923年,通用公司董事会任命艾尔弗雷德·斯隆(图1.16)为总裁。在以后的近40年中,斯隆一直担任通用公司的总裁、董事长和名誉董事长。通用公司在斯隆手中成为现代化的、世界最大的汽车公司。艾尔弗雷德·斯隆提出了一种叫作"集中政策控制下的分散经营"组织机构模式,这是事业部制组织结构的雏形。他把通用汽车公司按产品划分为21个事业部,分属4个副总经理领导。有关全公司的大政方针,如财务控制、重要领导人员的任免、长期计划、重要研究项目的决定等,由公司总部掌握,其他具体业务则完全由各事业部负责。斯隆认为:这种管理体制贯彻了"政策决定与行政管理分开"这一基本原则,因而能使集权和分权得到较好的平衡。通用汽车公司经过斯隆的改革和整顿以后,迅速发展成为世界上最大的汽车公司。

图 1.15　威廉·杜兰特

图 1.16　艾尔弗雷德·斯隆

1.3.4　汽车工业的兴旺地——欧洲

　　第二次世界大战结束后,英国、德国、法国、意大利在二战的废墟上重建汽车工业。欧洲国家对美国汽车的一统天下不满。但是,由于当时欧洲的汽车公司尚不能以大批量生产、降低售价与美国汽车公司竞争,于是,以新颖的汽车产品,如发动机前置前驱动、发动机后置后驱动、承载式车身、微载式车身、微型节油车等,尽量适应不同的道路条件、国民爱好等要求,与美国汽车公司抗衡,因此形成了由汽车产品单一到多样化的变革。在此期间,欧洲国家开发出了多款微型汽车以适应工薪阶层这一消费群体。

　　1947~1949 年间,雷诺公司开发了 4CV 微型汽车;1943 年,大众公司开始生产"甲壳虫"汽车;1959 年迷你轿车面世。相对于美国车型单一、体积庞大、油耗高等弱点,欧洲开发了多姿多彩的新型车。例如,严谨规范的奔驰、宝马;轻盈典雅的法拉利、雪铁龙;雍容华贵的劳斯莱斯、美洲虎;神奇的甲壳虫(图 1.17);风靡全球的迷你(图 1.18)等车型均纷纷亮相。多样化的产品成为最大优势,规模效益也得以实现。到 1966 年,欧洲汽车产量突破 1 000 万辆,比 1955 年产量增长 5 倍,年均增长率为 10.6%,超过北美汽车产量,成为世界第二个汽车工业发展中心。1973 年,欧洲汽车产量又提高到 1 500 万辆。世界汽车工业由美国转回欧洲,汽车工业越发兴旺。

图 1.17　老式甲壳虫

图 1.18　老式迷你

1.3.5 汽车工业的挑战地——日本

相对于欧美国家而言,日本的汽车工业起步较晚。1929年,当通用、福特汽车公司在日本组装了29 338辆汽车的时候,日本人自己制造的汽车只有437辆。日本第一大汽车公司丰田汽车公司和第二大汽车公司日产汽车公司均创建于1933年。第二次世界大战前夕,日本政府颁布了《汽车制造业企业法》,表明对发展汽车工业给予支持。二战中,日本政府关闭了美国在日本所建立的汽车制造厂。二战后,日本不允许外国到日本建厂造车,用政府意志保护本国的汽车工业。尽管如此,在20世纪50年代,日本的汽车工业发展仍然缓慢。进入20世纪60年代以后,经济型轿车的生产在日本逐年增加。1960年,日本人均国民生产总值为500美元,1966年人均国民生产总值突破了1 000美元,为汽车普及创造了条件。同时,以丰田为代表的几家汽车公司,将"全面质量管理"和"及时生产系统"两种新颖的管理机制应用到汽车生产,推动了日本汽车工业的高速发展。日本称1966年为普及私人汽车的元年。

1973年,因中东战争引发了全球石油危机,各国对汽车的需求由豪华气派型向轻小节油型转变。这一变化给日本汽车工业带来了契机,它们生产的小型、节能型汽车畅销世界各国,以本田雅阁(图1.19)和丰田凯美瑞(图1.20)为代表车型。1973年,日本汽车出口量达到200万辆;1977年,日本汽车出口量增长到400万辆;1980年,日本汽车出口量猛增到600万辆。日本迎来了其汽车工业的春天,创造了世界汽车工业的发展奇迹,成为继美国、欧洲之后的世界第三个汽车工业发展中心。

图1.19 1973年的本田雅阁

图1.20 1973年的凯美瑞

纵观百余年的汽车发展史,世界汽车工业经历了三次巨大变革。第一次变革是美国福特汽车公司推出了T型车,发明了汽车装配流水线,使世界汽车工业的发展从欧洲转向美国。第二次变革是欧洲通过多品种的生产方式,打破了美国汽车公司在世界车坛上的长期垄断地位,使世界汽车工业的发展从美国又转回欧洲。第三次变革是日本通过完善生产管理体系,形成精益生产方式,全力发展物美价廉的经济型轿车,使日本成为继美国、欧洲之后世界第三个汽车工业发展中心,使世界汽车工业的发展从欧洲又转到日本。

课后练习

通过网络查询收集信息,回答下列问题。
1. 为什么汽车工业的成长在法国?
2. 为什么汽车工业的成熟在美国?
3. 当今世界著名的汽车集团分别是哪些?
4. 简述福特汽车集团的现状。

汽车文化
QICHE WENHUA

任务1.4　中国汽车工业发展历程

1.4.1　新中国成立前的汽车状况

　　1901年,匈牙利人李恩时将两辆汽车带入上海。一辆是凉篷式汽车,另一辆是折叠式软篷,前排为双轮座席,车轮是木制的,外面包上实心橡胶轮胎,采用转向盘、转向带和梯形结构控制行驶方向,照明用煤油灯,喇叭是手捏的。这两辆车在上海招摇过市,引起轰动。十里洋场的上海街头出现了第一辆汽车,人们带着不可思议的眼光打量着这个新鲜玩意,他们把汽车称作"四轮铁马"。由于是在我国出现的第一辆汽车,因此登记牌照的时候,还是当人畜车看待,按马车来管理。我国拥有的第一辆汽车是1902年袁世凯从美国购买的,送给慈禧太后(图1.21)作为她的生日礼物,如图1.22所示。据传,在慈禧太后第一次乘坐汽车去颐和园游览时,她发现司机孙福龄不仅坐着,而且还坐在自己前面。在慈禧看来,有失自己尊严,所以立即责令他跪着开车。司机只好遵从跪着开车,但手不能代替脚踩油门和刹车,路上险些酿成惊天大祸。慈禧只得被人搀扶下车,中途又换上了她的十六台大轿。后来,慈禧将该汽车打入了冷宫,孙福龄一家离开北京。

图1.21　慈禧

图1.22　慈禧的御用车

　　我国的第一辆汽车于1929年5月在沈阳问世,由张学良将军掌管的辽宁迫击炮厂制造。张学良让厂长李宜春从美国购进"瑞雪"牌整车一辆,作为样车。李宜春将整车拆卸,然后除发动机后轴、电气装置和轮胎等用原车零件外,对其他零件重新设计制造,到1931年5月历时两年,终于试制成功我国第一辆汽车,命名为民生牌75型汽车,开辟了我国自制汽车的先河。"九·一八"事变后,正在制造的民生牌汽车全部落入敌寇之手。向美国订购并已运到牛庄(今营口市)的46台汽油机,只得转运天津,后日军将民生工厂改为同和自动车工业株式会社。1936～1946年,我国各地先后试制过几种汽车,除沈阳的"民生牌"外,还有太原的"山西牌"、长沙的"衡岳牌"、上海的"我国牌"、云南的"资源牌"、天津的"飞鹰牌"等,但都仅仅是昙花一现。其中山西汽车修理厂试制的"山西牌"汽车,对社会公众影响颇大。

　　在当时的中国,既存在资金和技术等方面的不足,更有日本对华侵略战争的影响,使当时的中国从根本上丧失了建立汽车工业、生产汽车的条件。抗日战争胜利后,天津又曾尝试批量生产三轮汽车,也只是昙花一现。在新中国成立之前,我国人创建民族汽车工业的夙愿始终未能实现。我国民族汽车工业只有在新中国成立以后才变成了现实。

1.4.2 从无到有阶段(1956～1984年)

1953年6月,毛泽东主席亲自签发《中共中央关于力争三年内建设长春汽车厂的指示》。7月15日,第一汽车制造厂隆重举行奠基典礼,第一汽车制造厂破土动工,标志着我国的汽车工业从此开始起步,开启了我国汽车工业滔滔不息的源头。1956年7月13日,崭新的总装线装配出第一辆解放牌汽车(图1.23)。14日,装配出第一批12辆解放牌汽车,第一批国产汽车在欢声笑语和雷鸣般的掌声中徐徐驶出装配线。这标志着第一汽车制造厂的三年建厂目标如期达到,从此结束了我国不能制造汽车的历史,圆了我国人自己生产国产汽车之梦。

1957年5月,一汽开始仿照国外样车自行设计轿车;1958年先后试制成功CA71型东风牌小轿车和CA72型红旗牌高级轿车(图1.24),毛主席等国家领导人亲自试乘了东风牌小轿车,十分高兴地称赞:"坐上自己制造的汽车了。"之后,红旗牌高级轿车被列为国家礼宾用车,并作为国家领导人乘坐的庆典检阅车。

进入20世纪60年代,国民经济实行"调整、巩固、充实、提高"的方针,在国家和省市的支持下,形成了一批汽车制造厂、汽车制配厂和改装车厂,其中,南京、上海、北京和济南共4个较有基础的汽车制配厂,经过技术改造成为继一汽之后第一批地方汽车制造厂,发展汽车品种,相应建立了专业化生产模式的总成和零部件配套厂,为今后发展大批量、多品种生产协作配套体系形成了初步基础。1966年以前,汽车工业共投资11亿元,形成一大四小5个汽车制造厂,年生产9个车型品种近6万辆车。1966年后,在中央精神的指引下,"一大四小"汽车制造厂分别承担包建和支援三线汽车厂,包括第二汽车制造厂、四川汽车制造厂和陕西汽车制造厂的建设任务,主要生产中、重型载货汽车和越野汽车。

1956～1984年期间,我国汽车工业基本上是卡车工业,轿车产量仅突破了5 000辆。

图1.23 第一辆解放牌汽车下线

图1.24 CA72红旗牌轿车

1.4.3 从小到大阶段(1984～1994年)

在改革开放方针的指引下,我国汽车工业迎来新一轮的发展契机。1984年以前,技术、资金、人才等很多发展的瓶颈毫无疑问地制约了我国汽车工业的发展,利用外资来发展我国的汽车工业在此时被推到了历史的前台。1984年1月15日,我国汽车的第一个中外合资企业——北京吉普(图1.25)诞生。有了先行者,我国汽车工业很快就进入了第一轮的合资高潮期,1985年3月,中德合资轿车生产企业——上海大众汽车有限公司成立,上海大众的成立意味着真正意义上的现代汽车工业的开始,主要车型为桑塔纳(图1.26)。同年,南京汽车引入意大利菲亚特的依维柯汽车,广州和法国标志合资项目也成立,桎梏了几十年的轿车工业开始大步前进。在1986年的六届四次人大会议上,汽车工业作为国家重要的支柱产业被写进了"七五计划"。到1994年,轿车产量已经超过25万辆,上海大众这个单一轿车生产企业逐渐超越了一汽、二汽,成为我国轿车企业的领头羊。良好的形势使国务院开始缜密研究轿车的发展,在1987年,确定了"三大三小"("三大"是指一汽、二汽、上汽三大轿车基地;"三小"是指北京、天津、广州三个小型轿车基地)的轿车生产总体格局,轿车工业开始向规模化方向发展。1990年,我国轿车工业的三大基地进一步调整,上海汽车工业总公司成立。国外汽车巨头在我国取得成功的背后是我国汽车工业自身的巨大牺牲。在我国,还没有哪一个行业像汽车工业一样依赖于合资模式,我国汽车工业的飞速发展并没有如期望的那样带来汽车产业竞争力的提升。由于缺乏自主品牌和关键技术,研发能力低,国内汽车产品的核心技术大多数掌握在合资企业手中,没有话语权。"拿市场换技术"的传统合资模式开始受到质疑。

图1.25　北京吉普212

图1.26　第一批桑塔纳

1.4.4　从大到强阶段(1994年至今)

1994年,是我国汽车史上值得纪念的一年。在这一年国家出台了《汽车产业发展政策》。虽然有很多局限,但是国家开始对汽车产业的发展方向进行了重新定位,其中重要的是把汽车和家庭联系起来。家庭轿车市场孕育多年的潜能被无限放大,富裕起来的我国人对轿车激发了强烈的购买能量,渴望拥有一辆自己的轿车不再是遥远梦想,我国轿车工业的春天开始到来。1994年后,由于汽车的消费不再受到限制,汽车产量逐年增加,到1998年全国汽车年产量为162.8万辆,全球排名第10位。合资还在继续,而且向中高档轿车发展。

我国自主汽车品牌企业也正在这样的暗流中涌动,1997年3月,奇瑞公司在安徽成立(图1.27),成为我国自主汽车品牌的新生力量。1999年12月18日,第一辆奇瑞轿车下线;从零到20万辆轿车下线,奇瑞只用了四年时间,而从2004年20万辆下线到2006年奇瑞第50万辆轿车下线用时还不到两年。2010年3月26日第200万辆汽车下线,奇瑞进入打造国际名牌的新时期。目前,奇瑞公司已具备年产90万辆整车、发动机和40万套变速箱的生产能力。

1997年吉利开始进入汽车产业(图1.28),1998年8月8日吉利自主研发的第一台轿车——吉利·豪情二厢轿车在临海正式下线。吉利"科技创新型发展模式"的成果灿烂而又辉煌。这份辉煌凝聚在2005年法兰克福上空的五星红旗上,也凝聚在2006年底特律授予李书福的奖牌上。2010年,在瑞典的斯德哥尔摩,吉利汽车以18亿美元的价格收购瑞典汽车企业沃尔沃100%的股权。十多年里,我国汽车自主品牌在夹缝中求生存,并逐渐壮大。目前我国自主汽车品牌销售的车型还是集中于经济型车。从大到强的发展阶段还有很长的路要走,做强我国汽车工业的核心是壮大自主品牌,增强自主研发能力。目前,我国的汽车工业规模达到2 000万辆左右,已经是世界第一,但是我国还不是汽车工业强国。

图 1.27 奇瑞汽车有限公司

图 1.28 吉利汽车公司

1.4.5 未来汽车工业展望

随着人类社会对汽车的要求日益严格，未来汽车将朝着节能环保、安全舒适、智能人性化等方面发展。同时随着汽车开发、采购、生产和销售的全球化以及汽车新技术的不断突破，未来汽车工业必将呈现新的变化，汽车制造中心将不断向汽车销售逐步增大的发展中国家转移。汽车的生产方式将进入大规模定制时代，市场中车型不断增多，而单一车型的产量逐步下降。我国是一个巨大的汽车消费市场，汽车工业已经历了 60 多年的发展，在此基础上，同时在国家政策的指引下，我国的汽车工业必将蓬勃发展。

课后练习

通过网络查询收集信息，回答下列问题。
1. 简述我国 1956～1984 年汽车工业的发展。
2. 简述我国 1984～1994 年汽车工业的发展。
3. 简述我国 1994 年至今汽车工业的发展。
4. 我国有哪些著名的汽车公司？

扩展阅读

汽车尾气污染

汽车尾气污染是由汽车排放的废气造成的环境污染。主要污染物为一氧化碳、碳氢化合物、氮氧化合物、二氧化硫、含铅化合物、苯丙芘及固体颗粒物，能引起光化学烟雾等。

洛杉矶位于美国西南海岸，西面临海，三面环山，是个阳光明媚、气候温暖、风景宜人的地方。但是从 1943 年开始，每年从夏季至早秋，只要是晴朗的日子，城市上空就会出现一种弥漫天空的浅蓝色烟雾，使整座城市上空变得浑浊不清。出现的这种浅蓝色烟雾就是光化学烟雾。光化学烟雾是由于汽车尾气和工业废气排放造成的，一般发生在湿度低、气温在 24～32 ℃ 的夏季晴天的中午或午后。汽车尾气中的烯烃类碳氢化合物和二氧化氮（NO_2）被排放到大气中后，在强烈的阳光紫外线照射下，会吸收太阳光所具有的能量。这些物质的分子在吸收了太阳光的能量后，会变得不稳定，原有的化学链遭到破坏,形成新的物质。这种化学反应被称为光化学反应,其产物为含剧毒的光化学烟雾。这种烟雾会使人眼睛发红,咽喉疼痛,呼吸憋闷,头昏、头痛。

1. 汽车尾气的主要有害成分及危害

汽车排放的主要污染物有一氧化碳（CO）、碳氢化合物（HC）、氮氧化合物（NO_x）、二氧化碳（CO_2）和微粒物（PM）。汽车排放的二氧化碳（CO_2）、硫化物 SO_x（SO 和 SO_2）、氮氧化物 NO_x（NO 和 NO_2）、氟氯烃等使温室效应、臭氧层破坏和酸雨等大气环境问题变得更为严重；汽车排出的 CO、NO_x、SO_x、未燃碳氢化合物 HC、颗粒物 PM 和臭味气体等污染了空气,对人类和动、植物危害甚大。

2. 减少汽车尾气排放的措施

汽车尾气污染的防治可以从三方面入手：一是改进控制技术,主要是提高燃油的燃烧率,安装防污染处理设备和开发新型汽车；二是运用行政管理手段,严格汽车排放标准,采取报废更新,及时淘汰旧车；三是提高车辆的使用技巧,通过合理使用车辆,减少有害物质的排放。

(1) 加强汽车技术改进,减少尾气污染

① 改善现有的汽车动力装置和燃油质量。尽量采用柴油机。单纯从污染的角度看,柴油车、汽油车都有污染,但在不采取任何措施的情况下,汽油车的污染更严重。这是因为在所有的污染物中,汽油车的一氧化碳、二氧化碳、碳氢化合物排放量都比柴油车大,氮氧化合物则基本处于同一量级,只有碳烟颗粒柴油车比汽油车多。近 20 年来,随着中冷增压、缸内直喷、共轨等技术的应用,柴油机的技术水平已经有了飞跃式的发展,排污技术也日渐成熟。采用无铅汽油可减少汽油尾气毒性物质的排放量。有铅汽油中的抗爆剂——四乙基铅具有很高的挥发性,甚至在 0 ℃时就开始挥发,而挥发出的铅粉末,以蒸汽及烟的形式存在于空气中。

改善燃烧室结构,对汽车发动机采用曲轴箱通风系统、废气再循环、蒸发排放控制系统等新设计,均可大大减少污染物的排放。另外,在发动机调试时采取相应减少喷油提前角,以改善喷油器的质量措施,也可减少汽车污染物的生成。

实际上,采用设计优良的发动机、采用新材料、提高燃油质量等虽然都能使汽车排气污染减少,但是不可能达到"零排放"。

② 发动机机外尾气净化措施。目前,广泛采用一些先进的机外净化技术对汽车产生的废气进行净化以减少污染,此途径可以达到较好的效果。机外净化技术就是在汽车的排气系统中安装各种净化装置,采用物理的、化学的方法减少排气中的污染物。机外净化技术可分为催化器、热反应器或过滤收集器两类。前者多用于汽油机汽车,后者多用于柴油机汽车。

(2) 提高汽车尾气排放标准

① 通过法规对汽车尾气排放加以限制。

② 加强对在用车的管理,可减少和消除汽车尾气对大气环境的污染。

③ 减少汽车使用量可减少汽车尾气的污染。

鼓励发展公共交通,减少汽车使用量是控制汽车尾气污染的途径之一。因此,要大力发展包括公共汽车、地铁、城铁在内的公共交通,并且提高公交的运行速度,以减少尾气的污染。

(3) 车辆节能减排的使用技巧

① 慢行热车减少损耗。通常情况下,很多车主会在冷车启动后,在原地停留急速热车。但这样做超过 1 min,对发动机的损耗便会非常大。调研数据显示,这样做不仅增加了 2.7% 的发动机故障风险,而且原地热车还会增加 11.3% 的二氧化碳排放,实属"损人不利己"的举动。而且,原地热车还会使排气管内的积水无法排出,导致排气管生锈,严重的甚至会被腐蚀穿孔。

② 急速超一分钟要熄火。堵车或等红灯的时候,绝大多数车主的做法都是挂入空挡,拉上手刹,然后静静等待。但试验得到的数据却证明,发动机在空挡情况下急速运转 3 min 消耗的燃油足够让汽车多行驶 1 km。正因为如此,目前欧洲为了减少汽车尾气排放,停车立刻熄火已经被作为交通法

规强制执行。

③时速超过 60 km/h 时关闭车窗。车辆行驶中打开车窗,汽车的风阻将提高至少 30%。时速高于 60 km/h 或者风比较大的时候,尽量关窗行车。

④下车后要关闭电器。试验结果表明,后挡风电加热器使用 10 h,整车油耗将增加 1 L。所以,下车时记得关闭所有电器,包括收音机、空调、车窗加热系统等。否则下次启动汽车时,它们可能自动打开。

⑤胎压正常能省油。汽车的轮胎就好比人们穿的鞋子。轮胎气压不够时,会缩短轮胎的使用寿命。数据表明,只要有一个轮胎少打气 40 kPa,这个轮胎就会减少 10 000 km 的寿命,而且还会令汽车的总耗油量增加 3%。而经过测试符合厂家规定要求的胎压,大约可以降低油耗 3.3%。若轮胎气压降低 30%,当汽车以 40 km/h 的时速行驶时,轿车的油耗会增加 5%~10%。

⑥缓加油。一次猛加油和缓加油,同样的速度,油耗相差可达 12 mL,每公里会造成 0.4 g 的多余 CO_2 排放。另外,由于急加速造成轮胎与地面的强烈摩擦而产生的噪声污染更是匀速驾驶时的 7~10 倍,还会使轮胎的磨损增加 70 倍,追尾风险增加 4.3 倍。

模块 2 世界著名汽车公司

【教学目标】

1. 了解世界三大车系及其代表公司。
2. 熟悉各大汽车公司的发展历史及旗下著名品牌。
3. 理解各大汽车公司独特的经营思路及其企业文化。
4. 能通过网络查询自己感兴趣的企业的全面的资料。

【课时计划】

序号	任务内容	参考课时	备注
任务 2.1	通用汽车公司	1	
任务 2.2	福特汽车公司	1	
任务 2.3	奔驰汽车公司	1	
任务 2.4	宝马汽车公司	1	
任务 2.5	大众汽车公司	1	
任务 2.6	法拉利汽车公司	1	
任务 2.7	丰田汽车公司	1	
任务 2.8	沃尔沃汽车公司	1	
机动		1—2	

模块 2 世界著名汽车公司

情境导入

全球汽车工业按地区形成三大系：欧洲车系、美洲车系和亚洲车系，并有十大汽车公司分布全球，本模块主要介绍：通用汽车公司、福特汽车公司、奔驰汽车公司、宝马汽车公司、大众汽车公司、法拉利汽车公司、丰田汽车公司和沃尔沃汽车公司。

任务 2.1 通用汽车公司

2.1.1 通用汽车公司简介

通用汽车公司（GM）成立于1908年9月16日，自从威廉·杜兰特创建了美国通用汽车公司以来，通用汽车在全球生产和销售包括雪佛兰、别克、GMC、凯迪拉克、宝骏、霍顿、欧宝、沃克斯豪尔以及五菱等一系列品牌车型并提供服务。2014年，通用汽车旗下多个品牌全系列车型畅销于全球120多个国家和地区，包括电动车、微型车、重型全尺寸卡车、紧凑型车及敞篷车。

其标志GM取自其英文名称General Motors Corporation的前两个单词的第一个字母，如图2.1所示。通用汽车公司各车型商标都采用了公司下属分部的标志。

图 2.1 通用标志

2.1.2 通用汽车公司的发展历程

1. 通用汽车公司的前身

通用汽车公司的前身是1907年由戴维·别克（图2.2）创办的别克汽车公司，1908年，美国最大的马车制造商威廉姆·C·杜兰特买下了别克汽车公司并成为该公司的总经理，同时推出C型车。为了推销这种汽车，杜兰特迅速建立了一个经销网络并吸引了大笔订单——远远超出了公司的生产能力。1908年，别克汽车公司已经成为全美主要汽车生产商，杜兰特很想结束当时汽车工业数百家公司并存的局面，因而大力支持本杰明·克里斯科有关将别克、福特、马克斯韦尔－布里斯科、奥兹等几家主要汽车公司合并的建议，但协商因福特公司要价达800万美元之巨而以失败告终。

图 2.2 戴维·别克

同年，杜兰特以别克汽车公司（图2.3为该公司早期的汽车）和奥兹汽车公司（图2.4为该公司早期的汽车）为基础成立了一家汽车控股公司——通用汽车公司（GM），1909年又合并了另外两家汽车公司——奥克兰汽车公司（图2.5为该公司早期的汽车）和凯迪拉克汽车公司（图2.6为该公司早期的汽车）。

图 2.3　早期别克汽车

图 2.4　早期奥兹汽车

图 2.5　早期奥克兰汽车

图 2.6　早期凯迪拉克汽车

2.汽车工业加速发展中的通用汽车公司

1910~1929年,汽车工业加速发展。通用汽车首先因电子启动器而独树一帜,电子启动器的问世至今仍被公认为是20世纪最具影响力的汽车革新。

通过采用著名的"不同的钱包、不同的目标、不同的车型"的经营战略,通用汽车公司的品牌形象和汽车产品已成为消费者自我价值和尊贵身份的代表和体现。

随着先后于1918年、1925年、1929年收购雪佛兰、沃克斯豪和欧宝品牌,通用汽车公司拥有的汽车品牌和车型远比其他任何汽车制造商都多。在不到10年的时间里,公司已在十多个国家开设了新装配厂,其中包括中国、日本和印度。在这一时期,通用汽车公司已成为一个全球性公司。它旗下汽车品牌标志如图2.7所示。

图 2.7　通用汽车子品牌(别克、奥兹、奥克兰、凯迪拉克、雪佛兰、欧宝)

3. 通用汽车公司的"激情"年代

1930~1959 年,充满激情的年代,美国的大萧条和欧洲的政局变化给全世界带来了不安,但通用汽车公司对创新的追求一如既往。凭借里程碑式的设计,通用汽车公司迅速做出反应,并一直将这种精神延续至今。

4. 通用汽车公司的伟大变革时期

1960~1979 年,伟大变革的时代。1971 年,通用汽车公司率先研发可以使用低铅或无铅汽油的发动机。两年之后,通用汽车公司首先在量产车上配备安全气囊。1974 年,凭借催化式排气净化系统,通用汽车公司在降低排放方面迈出了最重要的一步。这一技术由通用汽车公司分享,至今仍在整个汽车行业普遍应用。

5. 通用汽车公司的全球化步伐时期

1980~1999 年,全球化步伐。1982 年,西班牙萨拉戈萨新工厂开业,标志着通用汽车公司在北美市场以外开始生产扩张。该厂开业之后就立即投入生产节油型欧宝 Corsa。随着位于中国和印度合资企业的投产以及萨博和悍马品牌(图 2.8)加入通用汽车公司大家庭,公司在覆盖率和销售汽车的多样性方面比翼齐飞。

图 2.8 萨博和悍马品牌

对通用汽车公司来说,1995 年是不寻常的一年。这一年,北美市场以外的汽车销量首次突破 300 万台。当年,美国市场共售出 500 万辆。同时通用汽车公司与中国签署首家合资企业协议。

6. 通用汽车公司的创新与挑战时期

2000~2008 年,创新与挑战。随着新千年的到来,通用汽车公司在中国、巴西等新兴市场占据了市场主动权,基本完成向全球性公司的转变。2002 年通用大宇汽车公司的建立,为通用汽车公司提供了一个专业从事小型车生产制造的新组织,为雪佛兰品牌的全球增长增添了动力,通用汽车新车型的设计与品质得到有效提升。但又发现,公司难以从海外竞争者手中夺取市场份额。几十年作为大型、低效公司积累的历史包袱,继续拖累着公司的财务数据。

2007 年 1 月,通用汽车公司首次向世界展示雪佛兰 Volt 沃蓝达概念车,并使整个汽车业为之一震。Volt 沃蓝达可依靠电池能量进行城际交通,并在电池能量耗尽后切换至增程模式完成续航。首批 Volt 沃蓝达于 2010 年 12 月交付消费者手中。同时,通用汽车公司在研发灵活燃料型汽车方面成为行业领军者,该车可以使用汽油或 E85 驱动,开发出精致的双模混合动力系统,有效提高了大型卡车和 SUV 的燃油经济性。

7. 通用汽车公司破产

2008 年的经济衰退和全球信用危机将汽车销售推向衰退的边缘,耗尽了私人资本。严重缺乏流动资金的通用汽车公司获得了美国财政部的贷款。根据贷款条件,公司应加快对其美国业务的艰难重组。而这一进程,此前已经持续了多年。2009 年 6 月 1 日当地时间 8 点,根据美国破产法第 11 章的规定,通用汽车公司正式向纽约破产法院递交破产申请。

8.通用汽车公司重返华尔街

2010年11月18日,一年半之前曾被摘牌的美国通用汽车公司重返华尔街。经过企业内部重新调整和战略规划,到2014年初,通用汽车公司已拥有202 000名员工,分布在六大洲158个工作地点,使用超过50种语言,横跨23个时区。作为在世界各地的窗口,通用汽车公司拥有21 000家经销商。汽车旗下多个品牌全系列车型畅销于全球120多个国家和地区。在中国,通用汽车公司拥有多个重要的合资企业,包括上海通用汽车、上汽通用五菱和一汽通用。无论是底特律、法兰克福、圣保罗还是上海,在世界任何一个角落,从消费者坐到方向盘后的那一刻起,通用汽车品牌就开始与消费者建立起了深厚的情感联系。

课后练习

1. 通用汽车公司都有哪些品牌?
2. 简述通用汽车创始人的创业历程。
3. 通过网络查询,简述通用汽车品牌在中国的发展状况。

任务2.2 福特汽车公司

2.2.1 福特汽车公司简介

福特汽车公司是世界最大的汽车企业之一。1903年由亨利·福特先生创立创办于美国底特律市。现在的福特汽车公司是世界上的超级跨国公司,总部设在美国密歇根州迪尔伯恩市。福特汽车的标志采用福特英文Ford字样,蓝底白字,如图2.9所示。由于创建人亨利·福特喜欢小动物,所以标志设计者把福特的英文画成一只小白兔样子的图案。

福特的产品种类繁多。轿车方面有以经济多用性著称的Ka、嘉年华和雅仕,有林肯·城市那样宽敞舒适的大型轿车,也有像阿斯顿·马丁和美洲豹之类的华贵汽车。大众化的中级轿车有在澳大利亚生产的猎鹰,在北美生产的特使和黑貂,还有如蒙迪欧、康拓和水星环宇那样的世界级汽车。

卡车方面,福特汽车公司从逍遥和F系列皮卡、彩虹、助手、全顺、雅客、信使小货车、银河、稳达和水星村民微型货车,以及Expedition、Navigator、伊普拉、Mountaineer和Maverick多用途运动车,一直到F系列,货车和贸易中型卡车,应有尽有,如图2.10所示。

图2.9 福特车标

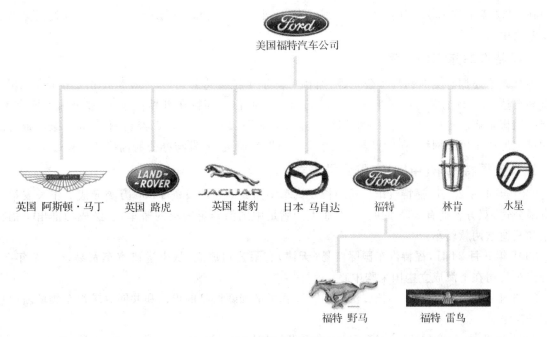

图 2.10 福特汽车旗下品牌

2.2.2 福特汽车公司的发展历程

1. 福特汽车公司发展初期

1908 年福特汽车公司生产出世界上第一辆属于普通百姓的汽车——T 型车,世界汽车工业革命就此开始。

1903 年至 1908 年间,亨利·福特和他的工程师们狂热地制造了 19 种车型,从字母表中的 A 直到 S 车型。其中有些只是实验车型,从来没有上市。有些拥有两个气缸,有的有四个,有一辆甚至有六个;有些是链驱动,有些是轴驱动;有两辆车的发动机置于司机座椅之下。最成功的生产车型或许要数 N 型车了。这是一辆小巧、轻便的四缸汽车,市场售价 500 美元。售价为 2 500 美元的 K 型车是一辆六缸轿车,销量很差。K 型车的失败,以及福特先生坚持认为公司的未来在于生产适合大众市场的价格低廉的汽车,使福特先生与亚历山大·麦克姆森(Alexander Malcomson)之间的矛盾不断升级。这位底特律的煤炭商在创业之初筹集 28 000 美元启动资金中立下了汗马功劳。最终麦克姆森离开了公司。福特先生买下了足够的股份,控股达 58.5%。1906 年,在底特律银行家约翰·S·格雷(John S. Gray)去世之后,亨利·福特继任公司总裁。

但是,股东之间的分歧并没有像一位叫乔治·塞尔登(George Selden)的人一样严重影响到这个新生公司的存亡。塞尔登拥有一项由内燃发动机供能的"公路机车"专利。为保护其专利,他成立了一个强大的辛迪加,向入选的生产商颁发授权许可,向每一辆在美国生产或销售的"非马车"抽取特许使用费。

麦克大道工厂刚刚开业,塞尔登的辛迪加就对福特汽车公司提出了指控。福特汽车公司在没有塞尔登授权的情况下勇敢地投入了生产。而其他更加强大的汽车公司,都选择了支付特许使用费而不是冒险与塞尔登辛迪加作对。但亨利·福特相信乔治·B·塞尔登对所有内燃机驱动的公路车辆所拥有的专利无效,必须予以抵制。于是他和合作伙伴们决定为诉讼进行斗争。

8 年后,即 1911 年,历经耗资巨大、难以置信的复杂法律诉讼程序之后,福特汽车公司赢得了这场使其和蓬勃发展的汽车工业摆脱威胁的战争,走上了继续发展的道路。与此同时,尽管有来自塞尔登辛迪加的烦扰,这家小公司的业务却蒸蒸日上。

1913 年,福特汽车公司又开发出了世界上第一条流水线,这一创举使 T 型车一共达到了 1 500 万辆,缔造了一个至今仍未被打破的世界纪录。福特先生为此被尊为"为世界装上轮子"的人。

在1927年末到1931年间,共计450多万辆不同车身造型和不同颜色的A型车行驶在美国的大街小巷之中。

2. 福特汽车旗下的公司

福特旗下还拥有美洲豹汽车公司、阿斯顿·马丁·拉贡达公司(Aston Martin Lagonea Ltd),并拥有马自达33.4%的股份和起亚汽车公司近10%的股份。福特在世界各地30多个国家拥有生产、总装或销售企业。福特卡车与轿车的销售网遍及6大洲、200多个国家,经销商10 500家。福特的企业和员工形成了国际网络,在世界各地从事生产、试验、研究、开发与办公的福特员工超过了37万人。

3. 长安福特汽车(中国)有限公司成立

2001年4月25日,福特汽车公司和长安汽车集团共同初期投资9 800万美元成立了长安福特汽车有限公司,双方各拥有50%的股份,专业生产满足中国消费者需求的轿车,已经成功推出了福特嘉年华和蒙迪欧两款轿车。

2001年9月24日,福特汽车国际贸易(天津)有限公司成立,从事进口汽车贸易。2002年5月,福特汽车公司在上海成立中国采购中心。

2003年10月,福特汽车和长安汽车集团签署了增加新产品的推出和共同寻求汽车领域新商机的谅解备忘录。

2004年2月,长安福特正式宣布第二个轿车厂选址南京。

4. 国际金融危机下的福特汽车公司

福特公司在2008年爆发的国际金融危机中坚决拒绝了美国联邦政府的注资援助。

2009年7月,由于主要竞争对手通用汽车公司破产重组,福特汽车公司出售了8个品牌中的4个,剩下的品牌如图2.11所示。福特汽车公司成为全美最大的汽车制造商,但和全球最大的丰田仍有较大差距。经过5年的发展,2014年,福特汽车在市场拓展上取得了长足进步;车型不断地完善,得到了消费者的认可,品牌的知名度、美誉度、信赖度也不断增加。

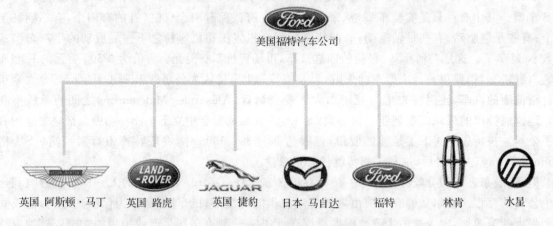

图2.11 2009年福特旗下品牌

课后练习

1. 福特汽车车标的含义是什么?
2. 简述福特汽车创始人的创业历程。
3. 通过上网查询,简述福特汽车品牌在中国的发展状况。

任务2.3 奔驰汽车公司

2.3.1 奔驰汽车公司简介

梅赛德斯—奔驰(Mercedes-Benz)(图2.12),德国汽车品牌,被认为是世界上最高档的汽车品牌之一,其完美的技术水平、过硬的质量标准、推陈出新的创新能力,以及一系列经典轿跑车款式令人称道。在国际上,该品牌通常被简称为梅赛德斯(Mercedes),而中国内地称其为"奔驰"(因此,又有梅赛德斯—奔驰一说),中国台湾译为"宾士",中国香港译为"平治"。1886年1月,卡尔·本茨(图2.13)发明了世界上第一辆三轮汽车(图2.14),并获得专利(专利号:DRP 37435),与此同时,奔驰的另一位创始人戈特利布·戴姆勒(图2.15)也发明了世界上第一辆四轮汽车。

1926年6月,戴姆勒公司与奔驰公司合并成立了戴姆勒—奔驰汽车公司,以梅赛德斯—奔驰命名的汽车正式出现,并从此以高质量、高性能的汽车产品闻名于世。除了高档豪华轿车外,奔驰公司还是世界上最著名的大客车和重型载重汽车的生产厂家。目前,梅赛德斯—奔驰为戴姆勒集团(Daimler AG)旗下公司。

目前奔驰旗下有三个品牌,分别为迈巴赫、梅赛德斯—奔驰和精灵(图2.16)。

图2.12 奔驰车标

图2.13 卡尔·弗里特立奇·本茨

图2.14 世界上第一辆三轮汽车

图 2.15　戈特利布·戴姆勒

图 2.16　奔驰汽车品牌

2.3.2　奔驰汽车的发展历程

1.奔驰汽车的标志

1885 年和 1886 年,卡尔·奔驰(全名为 Karl Friedrich Benz,中文名卡尔·弗里德里希·奔驰,简称卡尔·奔驰。由于品牌名中有"奔驰"二字,且梅赛德斯－奔驰中国官网采用"卡尔·奔驰"的译名,故现多将其译为"卡尔·奔驰")与戈特利布·戴姆勒制造出了各自的第一辆汽车。1883 年卡尔·奔驰先起炉灶,在曼海姆(Mannheim)建立了奔驰汽车公司(图 2.17)。

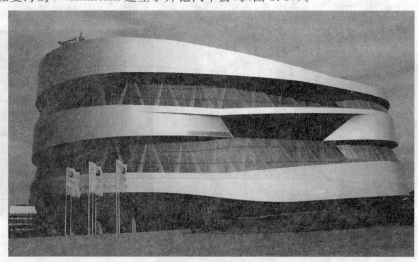

图 2.17　奔驰总部大楼

1909 年 6 月,戴姆勒汽车公司申请登记了"三叉星"作为轿车的标志,象征着陆上、水上和空中的机械化。1916 年在它的四周加上了一个圆圈,圆的上方镶嵌了四个小星,下面有 Mercedes(梅赛德斯)字样。

奔驰的标志最初是 Benz 外加月桂枝环绕。1926 年,戴姆勒与奔驰合并,星形的标志与奔驰的月桂枝终于合二为一,下有 Mercedes-Benz 字样。后将月桂枝改成圆环,并去掉了 Mercedes-Benz 的字样。随着这两家历史悠久的汽车生产商的合并,厂方再次为商标申请专利权。此圆环中的星形标志演变成今天的图案,一直沿用至今,并成为世界上最著名的商标之一。

2.梅赛德斯－奔驰(中国)有限公司成立

1986 年,梅赛德斯－奔驰(中国)有限公司在香港成立。

2005 年 8 月 8 日,由北京汽车工业控股有限责任公司与戴姆勒·克莱斯勒股份公司、戴姆勒·克莱斯勒(中国)投资有限公司组建的北京奔驰－戴姆勒·克莱斯勒汽车有限公司(BBDC)在北京正式成立。

2006年,梅赛德斯－奔驰中国的总部迁至北京,同时公司也更名为梅赛德斯－奔驰(中国)汽车销售有限公司(简称奔驰中国),拥有在中国内地以及香港和澳门特别行政区销售梅赛德斯汽车集团旗下产品的所有经销权。

2007年8月,北京奔驰－戴姆勒·克莱斯勒汽车有限公司(BBDC)正式更名为北京奔驰汽车有限公司(BBAC)。

2013年,梅赛德斯－奔驰(中国)汽车销售有限公司(MBCL)与北京奔驰汽车有限公司(BBAC)正式合并,成立北京梅赛德斯－奔驰销售服务有限公司(BMBS),这成为梅赛德斯－奔驰对中国市场高度重视和倾力投入的又一有力证明,进一步增强了梅赛德斯－奔驰在中国的实力。

课后练习

1. 奔驰汽车车标的含义是什么?
2. 简述奔驰汽车创始人的创业历程。
3. 通过上网查询,简述奔驰汽车品牌在中国的发展状况。

任务2.4 宝马汽车公司

2.4.1 宝马汽车公司简介

宝马(BMW)公司在1916年3月7日成立,BMW的前身是一家飞机工厂,最初以制造流线形的双翼侦察机闻名于世,前身公司的名字叫BFW,公司始创人是吉斯坦－奥托(Gustan Otto)(图2.17)。1917年7月20日,BFW公司便开始重组,正式命名为BMW(图2.18),1922年,BMW研制了第一台摩托车的发动机(图2.19),虽然不被采纳,但已为车厂定下了重要的方向。1923年末,他们特约在慕尼克(Munich)生产摩托车,而挂有BMW商标的R32摩托车则首次在市场中销售。BMW在1929年7月9日的晨报上做了整整一版的广告,宣布进军汽车制造业。BMW第一款系列化生产汽车的传奇就此诞生。

图2.17 吉斯坦－奥托

图2.18 宝马车标

图 2.19 搭载第一台宝马发动机的摩托车

BMW 是巴伐利亚汽车制造厂的意思，标志的色彩和组合来自宝马所在地巴伐利亚州的州徽（在前面宝马标志的旁边）。蓝白相间的图案是公司所在地巴伐利亚州的州徽，用来提醒宝马来自巴伐利亚州的纯正血统。宝马标志中间的蓝白相间图案，代表蓝天、白云和旋转不停的螺旋桨，喻示宝马公司渊源悠久的历史，象征该公司过去在航空发动机技术方面的领先地位，又象征公司一贯的宗旨和目标。

目前宝马旗下的品牌有宝马、mini 和劳斯莱斯。

2.4.2 宝马汽车的发展历程

1. 摩托车时期

1917 年 7 月 20 日，吉斯坦·奥托退休后，BFW 公司便开始重组，正式名为 BMW（Bayerische Motoren Werke），第一次世界大战结束，德国成为战败国，他们的飞机被"凡尔赛条约"列为"战争武器"禁止生产，而宝马车厂要到 1923 年方可生产汽车。

五年之痒，BMW 终于可为将来而努力奋斗了。他们先卖出旧的厂房，然后购入 BFW 的工厂、存货，把 BFW 的商标注册，那个原身是 BFW 的商标沿用至今，最后购入希利奥士（Helios）摩托车厂的制造权。1922 年，BMW 研制了第一台摩托车的发动机，之后在纽灵堡（Nuremberg）的 Victoria－Worke 厂房重新制造了一台气冷 500 mL 的两汽缸摩托车发动机和 R32 摩托车，正式展开了他们的业务。1923 年末，他们特约在慕尼黑（Munich）生产摩托车，而挂有 BMW 商标的 R32 摩托车则首次在市场中销售。

2. 汽车时期

1925 年，BMW 开始研制汽车，雏形也同时建成，它为日后进军汽车坛打下了基础。这时，老板积及要对 BMW 未来前途做出一次重要的决定，积及在德国北方的艾逊力（Eisenach）省 Thurngia 市，那里是他的工业王国所在地，其实他早在 1899 年便生产汽车，名为艾逊力运输工业，最初他们生产的汽车名字叫华特堡（Wartburg），后改名为迪斯（Dixi），当时迪斯的汽车销售欠佳，所以向英国柯士甸（Austin）车厂申请在德国制造 7 型的权利，1927 年正式投入生产，德国制的柯士甸 7 型改名为 Dixi 3/15 DA1（DA 即德国版），那款受到德国顾客欢迎的英德混血儿，令车厂转换生机，在这位商家眼中，艾逊力和 BMW 合并是一次品牌提高的最佳良机，两家于 1928 年合并。

3. 房车时期

1937 年，人们看见 BMW 开始制造游客车（Touring Car）市场，也就是今天统称为三厢式四门房车，并获得成功，它是一款 4/5 门房车，名 326 型，对象是中上阶层的家庭，这款车共生产了 16 000 辆，这在二战前是一个难能可贵的数字。二战前,BMW的生产线是在艾逊力的厂房,而慕尼黑是写字楼(图2.22),只负责设计及机械研究工作。

图 2.20 宝马慕尼黑总部

4.全面复兴前期

BMW的成功,327型和328型跑车是功不可没的,此两款车是从319型改良过来的,前后轴距仅775 kg,最高功率有59 kW之多,而极速也高达160 km/h,堪称一辆纯正血统的跑车,也是随时可以下场比赛的一匹宝马。

1939年夏天,325型跑车被推出市场,这使"年青"的宝马更声名大噪,可惜第二度经历过战争的BMW,这次的复原期要长达7年之久,方能再次投入生产,其实BMW的生命力仍显得很脆弱。

BMW在全面复兴前,在1945～1947年期间,曾为一家美国公司做了三年飞机发动机研究和开发工作。1948年,筹集了足够资金,现在开始重建一间摩托车工厂。

5.再次投产汽车

1952年10月,BMW终于再次投产汽车,制造的汽车是二战前的501系四门房车,沿用那台6汽缸2升发动机,单化油器,功率48 kW,至于其他设备则是全新,其性能和耐用性获得一致好评。

1954年,BMW推出由501型改良的502型四门自车,沿用一台全新V-8汽缸发动机,是车厂战后的一次突破,复原后的宝马立志要在豪华客车和轿跑车和摩托车上创一番事业。BMW振兴工业行动终于又泛起一片曙光来……

经过半个多世纪的发展,到2013年,宝马公司已在13个国家设有子公司和生产厂,国内也已有10家子公司。销售的汽车产品有宝马新3、新5、新7和新8系列豪华小轿车。宝马850i是最新推出的最为豪华的轿车。如图2.21所示为宝马汽车畅销车型。

宝马Z8

宝马M4

图 2.21 宝马汽车畅销车型

课后练习

1. 宝马汽车车标的含义是什么？
2. 宝马汽车发展战略是什么？
3. 通过上网查询，简述宝马汽车在中国的发展状况。

任务2.5 大众汽车公司

2.5.1 大众汽车公司简介

大众汽车公司（图2.22）由世界著名的汽车设计大师波尔舍（2.23）创立于1937年，是德国最大的汽车生产集团，汽车产量居世界排名第五位。公司总部曾迁往柏林，当前仍设在沃尔夫斯堡（2.24）。目前有雇员50万人，整个汽车集团产销能力在900万辆左右。

大众汽车公司（德文 Volks Wagenwerk），意为大众使用的汽车，其标志中的VW为全称中头一个字母。标志像是由三个用中指和食指做出的"V"组成，表示大众公司及其产品必胜—必胜—必胜。

图2.22 大众车标

图2.23 波尔舍

在集团之下，奥迪和大众各自独立管理其品牌群，并负责从中创造利润。奥迪品牌群包括奥迪（Audi）、西亚特（Seat）、兰博基尼（Lamborghini）3个品牌。大众品牌群包括大众商用车、大众乘用车、斯柯达（SKODA）、宾利（Bentley）、布加迪（Bugatti）、保时捷（Porsche）、斯堪尼亚（SCANIA）、MAN8个品牌。

图 2.24 沃尔夫斯堡

2.5.2 大众汽车的发展历程

1. 发展初期

1937年3月28日,"Gesellschaft zur Vorbereitung des Deutschen Volkswagens mbH"公司宣告成立,随后于1938年9月16日更名为"Volkswagenwerk GmbH"。1938年早些时候,在今天的沃尔夫斯堡,大众汽车公司开始建厂,在当时是世界最大的,计划年产150万辆,用以生产由Ferdinand Porsche设计的新款车型。

1945年6月中旬,大众汽车公司由英国军政府接管。在Ivan Hirst少将的管理下,甲壳虫(Volkswagen Beetle)(图2.25)投入大量生产。

1950年3月8日,Type 2投入生产,进一步扩充了公司的产品线。凭借丰富的多功能特性,Volkswagen Bus(即今天仍为许多人所熟悉的"VW Bully")很快掀起了订购热潮。1956年,一个独立的Transporter生产基地在汉诺瓦(Hanover)成立,同时埋下了今天大众商用车品牌的种子。

2. 打破世界纪录

1972年2月17日,大众汽车公司打破汽车生产世界纪录。甲壳虫(图2.26)以15 007 034辆的纪录,超越福特汽车公司Model T车型(即公众所熟悉的Tin Lizzy)在1908~1927年所创下的传奇纪录。1973年,新一代大众汽车的首款车型帕萨特(Passat)(图2.27)投入生产,它采用四轮驱动和水冷四缸引擎,引擎调校范围达110 bhp。帕萨特采用模块化战略设计,标准化的组件可同时应用于多款不同的车型,从而带来显著的规模经济效应。

图 2.25 第一款甲壳虫

图 2.26 1972年甲壳虫

3. 快速发展期

1974年1月,首辆Golf(图2.28)在沃尔夫斯堡亮相。这款紧凑型箱式小客车一经推出便快速风靡,进而成为甲壳虫神话的继承者。同年公司还推出了运动型跑车Scirocco,一直生产到1981年。1976年,首辆Golf GTI下线。该款车型以其110 bhp引擎掀起了一阵马路旋风,为又一个传奇的诞生奠定了基础。

图2.27 第一款帕萨特

图2.28 第一款高尔夫

1983年6月,第二代Golf的生产正式拉开序幕。该款车型在设计上非常适合于高度自动化的装配流程,在特别建立的最后装配车间(Hall 54),机器人首次应用于汽车制造中。1999年7月,Lupo 3L TDI的推出标志着首款耗油率仅3 L/100 km的量产车问世,大众汽车公司再次在汽车业的发展史上写下浓重的一笔。2002年8月,在Volkswagen Slovakia(布拉迪斯拉发),一款豪华越野车Touareg(图2.29)开始量产,标志着大众品牌正式进入一个全新的市场领域。

图2.29 2002款途锐

4. 精益生产期

2002年12月,"Auto 5000 GmbH"公司(经营着集团在沃尔夫斯堡的一间工厂)开始Touran小型厢型车的生产。公司制定了一种特别的集体支付模式,旨在实施精益生产,涉及扁平化的组织结构、团队合作、灵活的工作时间和鼓励工人们在生产改进中扮演更积极的角色。2003年,第五代高尔夫开始生产,在其设计中体现一种新的活力观。经过不断地车型更新换代,2014最新款高尔夫第7代也已上市,并受到了市场高度的认可和消费者的高度评价。

课后练习

1. 大众汽车车标的含义是什么?
2. 请简述大众汽车发展战略。
3. 通过上网查询,简述大众汽车在中国的发展状况。

任务 2.6　法拉利汽车公司

2.6.1　法拉利汽车公司简介

法拉利(Ferrari)(图 2.30)是一家意大利汽车生产商,1929 年由恩佐·法拉利(Enzo Ferrari)(图 2.31)创办,主要制造一级方程式赛车、赛车及高性能跑车。法拉利是世界闻名的赛车和运动跑车的生产厂家,早期的法拉利赞助赛车手及生产赛车,1947 年独立生产汽车。菲亚特(FIAT)拥有法拉利 90%的股权,但法拉利却能独立于菲亚特运营。法拉利汽车大部分采用手工制造,产量很低,截至 2011 年法拉利共交付 7 195 台新车,为法拉利史上最佳销售业绩。公司总部设在意大利的马拉内罗(Maranello)。

图 2.30　法拉利车标

图 2.31　恩佐·法拉利

说来也巧,第一次世界大战也为法拉利的跑车提供了商标——"跃马"。那是 1923 年,25 岁的恩佐·法拉利在参加阿拉法赛车中,有幸遇到了第一次世界大战中阵亡的意大利杰出飞行员的母亲——康蒂丝·白丽查女士,她告诉法拉利,她儿子战斗机两侧的飞行徽章是一匹"跃马",如果法拉利把它画到赛车上的话,会带来好运。恩佐·法拉利听了这位母亲的话,回去后照她的说法做了,果真带来了好运。

2.6.2　法拉利汽车的发展历程

1.法拉利汽车的创立

法拉利公司历史的早期阶段不可避免地与创始人恩佐·法拉利联系在一起,他在 1988 年去世之前始终保持着对公司的强大影响力。之后,卢卡·迪·蒙特泽莫罗(Luca Cordero di Montezemolo)1991 年底加盟法拉利公司,他以恩佐·法拉利提倡的创新和勇气原则作为出发点,证明了自己的实力,将法拉利的成功带到了从未梦想过的似不可及的空前高度。

恩佐·法拉利于 1898 年 2 月 18 日出生在意大利的摩德纳,逝世于 1988 年 8 月 14 日,享年 90 岁。他曾经是菲亚特(FIAT)的一名赛车手,他在 FIAT 的鼓励下于 1929 年在摩德纳的 Viale Trento 成立了 Scuderia Ferrari 公司,帮助他的合作伙伴参加赛车活动。该公司使用阿尔法·罗密欧赛车参加比赛,直到1938年,恩佐·法拉利加入阿尔法·罗密欧公司,成为Corse部门的赛车经理。1939年9月,恩佐·法拉利离开了阿尔法·罗密欧公司,在Scuderia Ferrari公司原址上成立了Auto Avio Costruzioni Ferrari公司(图2.32)。新公司向罗马国家航空公司、Piaggio和Riv等公司提供服务,主要业务是制造机床,特别是液压动力磨床。

图 2.32　法拉利汽车总部

自从恩佐·法拉利离开阿尔法·罗密欧公司之后,尽管同意遵守在四年以内不以自己的名义制造汽车的不竞争条款,但是法拉利很快就开始研制一款8缸1 500 mL赛车的两个样本,这就是为人所知的815敞篷赛车(2.33),它参加了1940年的Mille Miglia比赛。

第二次世界大战的爆发使所有赛车活动都陷入了停顿,法拉利的工厂于1943年从摩德纳迁至马拉内罗,尽管厂房在1944年11月和1945年2月遭到轰炸,但是液压动力磨床的制造没有中断。

战争一结束,他们就开始设计和制造第一辆法拉利赛车125 Sport(图2.34),这是一款1 500 mL 12缸发动机赛车,赛车手Franco Cortese于1947年5月11日驾驶它参加了在皮亚琴察赛道进行的比赛,并在两周后赢得了罗马大奖赛的胜利。从那时起,法拉利赛车在全世界的赛道和公路比赛中先后赢得了5 000多次胜利,创造了法拉利今天的传奇。

图 2.33　法拉利815敞篷赛车　　　　　　　图 2.34　法拉利125 Sport

2.法拉利汽车的后期发展

恩佐·法拉利于1969年将他50%的股份出售给了菲亚特集团,1988年,法拉利汽车公司创始人Enzo Ferrari去世,菲亚特集团所持股份达到了90%。剩下10%的股份由Enzo Ferrari的儿子Piero

持有,他同时也是法拉利汽车公司的副经理。至此菲亚特已经持有法拉利90%的股份,尽管如此,由于其高度专业化的生产,法拉利始终保持着完全独立的经营。

1977年,著名的汽车车身设计和制造专家Carrozzeria Scaglietti加盟法拉利公司,他从20世纪50年代开始为法拉利GT跑车设计底盘和车身。

1997年,菲亚特将玛莎拉蒂(Maserati)公司50%的股份给予了法拉利,这是一个根植于摩德纳的传奇汽车品牌,于1993年为菲亚特获得。1999年,法拉利完全接收了玛莎拉蒂公司。

1993年,第一辆红色的法拉利348跑车进入中国,法拉利在天坛的祈年殿为第一位法拉利车主举行了一个交接仪式,给他配的牌号是京A00001,从此中国人也有机会一睹名车风采。经过几十年的壮大与发展,到2013年底,法拉利在中国地区的保有量已突破1 500辆。

课后练习

1. 简述法拉利车标的由来。
2. 法拉利的起源是什么?

任务2.7　丰田汽车公司

2.7.1　丰田汽车公司简介

丰田汽车公司(トヨタ自動車株式会社,Toyota Motor Corporation)简称"丰田"(TOYOTA)(图2.35),创始人为丰田喜一郎(图2.36),是一家总部设在日本爱知县丰田市和东京都文京区的汽车工业制造公司,前身为日本大井公司,隶属于日本三井产业财阀。丰田是世界十大汽车工业公司之一,日本最大的汽车公司,创立于1933年。

图2.35　丰田车标

图2.36　丰田喜一郎

丰田公司的三个椭圆的标志是从1990年初开始使用的。标志中的大椭圆代表地球,中间由两个椭圆垂直组合成一个T字,代表丰田公司。它象征丰田公司立足于未来,对未来的信心和雄心,还象征着丰田公司立足于顾客,对顾客的保证,象征着用户的心和汽车厂家的心是连在一起的,具有相互信赖感,同时喻示着丰田的高超技术和革新潜力。

丰田集团(图2.37)旗下拥有5家世界500强企业,分别是丰田汽车、丰田自动织机、丰田通商、爱信精机和日本电装。十几家财团一级企业均是世界知名企业,产业链覆盖汽车产业从上游原料到下游物流的所有环节。不仅如此,丰田还立足于汽车产业的未来,不断在环保和新能源领域投资,成为环保汽车的领军者。

图2.37 丰田集团

2.7.2 丰田汽车的发展历程

1. 丰田汽车的创立

1930年,丰田喜一郎曾对欧洲和美国进行了考察,欧美轰轰烈烈的工业革命使他受到强烈震撼,而汽车更使他热血沸腾。他认定汽车必然是未来举足轻重的交通工具。

当丰田喜一郎开始研制汽车时,美国的通用汽车公司和福特汽车公司早已成为举世闻名的大企业了。在大量生产技术和市场运作方面,两家公司的实力足以让世界其他的所有汽车生产厂家望尘莫及,并且分别将各自的汽车组装厂开到了日本。

然而,丰田喜一郎并没有把美国两大汽车巨头的举动过多地放在心上。他全身心地投入到以大量生产为基础的国产汽车工业的创立。在丰田自动织机制作所内,一个全新部门——汽车部诞生了。1937年8月28日,汽车部宣告从丰田自动织机制作所独立出来,作为一家拥有1 200万日元资本金的新公司,"丰田自动车工业株式会社"从此踏上了自己崭新的历程。

在新落成的工厂,aa型轿车(图2.38)开始投产了,最初每个月的产量仅有150辆。一年以后,对日本汽车工业抱着坚定信心的丰田喜一郎不顾周围的一片反对意见,果断地决定投入4 500万日元巨资构筑月产量2 000辆的生产体制,而这项巨额投资几乎相当于公司资本金的4倍。

2. 丰田汽车的定位

日本是个自然资源贫乏的国家,因此丰田喜一郎认为,开发燃耗功率高、可靠耐用的汽车对日本汽车工业来说乃是至关重要的课题。1939年,公司成立了蓄电池研究所,开始着手电动汽车的研制。1940年,丰田生产了约15 000辆汽车,其中98%是客货两用车。当年它推出了一款较为紧凑的AE型轿车(图2.39),配备4缸2.2 L 48马力发动机,在外形上更接近瑞典的PV60。丰田公司虽然在汽车方面没有多少经验,但却坚守一个信条:模仿比创造更简单,如果能在模仿的同时给予改进,那就更好。喜一郎与其父亲的理念一脉相承,他知道首先必须生产安全、牢固、经济、传统的汽车,而不是创新型的产品。所以在很长一段时间内,所有的丰田车都具有这样的特点。

图 2.38　aa 型轿车

图 2.39　AE 型轿车

3. 丰田汽车与其他汽车厂家的竞争

1962 年,丰田开始进军欧洲。这一年,丰田汽车产量首次突破了百万大关。

1965 年名神(名古屋至神户)高速公路的开通揭开了日本公路交通高速时代的序幕。经历了战争、战后空白年代的日本汽车产业,可以说是当时日本所有的工业产业中最不具备国际竞争力的领域。但是丰田却预见到了大规模的国际贸易和资本的自由化不久必将席卷日本,为迎接新时期的到来,丰田一方面加紧开发性能更高的新车,同时为增强生产能力、提高质量水平而倾注了极大的努力。所有这些努力终于结出了丰硕的果实,丰田汽车在 1965 年荣获了 deming 大奖。同一年,日本政府取消了对进口汽车的关税壁垒,从此丰田在性能和价格两方面与国外汽车厂家开始了真正的较量。

1983 年,为了与本田的雅阁系列轿车在北美市场上争夺,丰田推出了佳美车系(图 2.40),从此便一发不可收,几乎成了丰田除了花冠以外最受欢迎的车型。

4. 丰田汽车在国外建立合资公司

1984 年与美国通用的合资公司 NUMMI 在美国建成投产,1988 年位于美国肯塔基州的独资生产厂家 TMMK 建成投产。1990 年 COROLLA 花冠(图 2.41)累计产量达到 1 500 万辆。

图 2.40　第一代佳美

图 2.41　第一代花冠

5. TMUK 建成投产

1992 年位于英国的独资生产厂家 TMUK 建成投产,1997 年 PRIUS 普锐斯(混合动力汽车,图 2.42)投产上市。1998 年位于美国印第安纳州的独资生产厂家 TMMI 和西维吉尼亚州的独资生产厂家TMMWV建成投产。1999年在纽约和伦敦证券市场分别上市,日本国内累计汽车产量达到1亿辆。

6.四川丰田汽车有限公司

2000年中国四川丰田汽车有限公司建成投产,生产考斯特、霸王。2001年位于法国的独资生产厂家TMMF建成投产,与中国第一汽车集团公司就全面合作达成协议。

中国天津丰田汽车有限公司(现天津一汽丰田汽车有限公司)建成投产。2002年10月VIOS威驰(图2.43)作为丰田汽车公司进入中国的第一款国产车型开始销售,2004中国广州丰田汽车有限公司成立。

图2.42 混合动力普锐斯

图2.43 国产第一代威驰

课后练习

1.丰田汽车车标的含义是什么?
2.请简述丰田汽车发展战略。
3.通过上网查询,请简述丰田汽车在中国的发展状况。

任务2.8 沃尔沃汽车公司

2.8.1 沃尔沃汽车公司简介

"沃尔沃",瑞典著名汽车品牌(图2.44),原沃尔沃集团下属汽车品牌,又译为富豪,1924年由阿瑟·格布尔森和古斯塔夫·拉尔森(图2.45)创建,该品牌汽车是目前世界上最安全的汽车。"VOLVO"为拉丁语,是"滚动向前"的意思,喻示着汽车车轮滚滚向前、公司兴旺发达和前途无限。商标由图标和文字商标两部分组成。其图形商标画成车轮形状,并有指向右上方的箭头。

沃尔沃公司生产的每款沃尔沃轿车,处处体现出北欧人那高贵的品质,给人以朴实无华和富有棱角的印象,尽管"沃尔沃"充满了高科技,但仍不失北欧人的冷峻。"沃尔沃"那典雅端庄的传统风格与现代流线型造型糅合在一起,创造出一种独特的时髦感。卓越的性能、独特的设计、安全舒适的沃尔沃轿车,为车主提供一个充满温馨的可以移动的家。

图 2.44 沃尔沃车标

图 2.45 阿瑟·格布尔森和古斯塔夫·拉尔森

2.8.2 沃尔沃汽车的发展历程

1. 发展初期

1925 年加比利尔森拿出自己的 15 万克朗中的一部分来制造样机。1926 年 6 月完成第一辆敞篷车(图 2.46),装 4 缸 1.944 L 发动机,由于天气的关系,敞篷车只销了 205 辆,而轿车的销售情况尚佳。除了轿车以外,沃尔沃还生产载货汽车和出租汽车。自 1927 年沃尔沃 OV4 敞篷车投产以后,到第二次世界大战前夕,沃尔沃是瑞典最畅销的车子。瑞典没有参与二战,但因材料缺乏,沃尔沃的产量下降。

图 2.46 第一辆沃尔沃敞篷车

2. 全面发展期

二战结束后,推出第二个系列 PV144(图 2.47),用 1.414 L、顶置气门、4 缸机,车身采用整体结构。该车于 1947 上市,销售情况不错,出口到美国,在美国汽车市场上站住了脚。1963 年在加拿大开办装配厂。1969 年和荷兰的 DAF 接触,1975 年买下 DAF 股份的 75%,后来逐渐减少。沃尔沃在比利时、荷兰、加拿大、澳大利亚、马来西亚、泰国都设有轿车组装厂,在巴西、秘鲁、美国设有载货汽车和客车组装厂。沃尔沃在日本和富士重工合作生产中置发动机的旅游客车,和美国通用汽车公司合资组建沃尔沃通用重型载货汽车公司,它拥有 76% 股份,通用拥有 24% 股份。

1956 年推出 121 型轿车,装用 1.583 L 或 1.778 L、4 缸发动机。1961 年推出一种运动轿车 P1800 Coupe(图 2.48),车型由意大利 Ghia 和 Frua 设计,车身则在苏格兰 Pressed Steel 制造,由英国 Jensen 装配,到 1963 年沃尔沃才把所有的生产过程迁至瑞典,一直生产到 1973 年。1979 年该集团将轿车制造部分独立,命名为沃尔沃汽车公司(Volvo Car Corporation)(图 2.49)。1999 年初,该公司被美国福特汽车公司买下。

图 2.47　PV144

图 2.48　P1800

图 2.49　位于瑞典哥德堡市的沃尔沃汽车全球总部

4. 沃尔沃在中国的发展

沃尔沃汽车公司自 1994 年 1 月 24 日在北京正式成立办事处,于 2008 年在上海正式成立了中国销售公司,着力强化经销商网络建设,并为客户提供更及时、优质、专业的服务。到目前为止,沃尔沃汽车在中国的销售网点已经达到 97 个,覆盖全国 78 个城市,在各区域市场大大增强了竞争力。

2013 年沃尔沃在华销量在 4.49 万至 4.53 万辆之间。目前沃尔沃在中国的全系产品涵盖六大车型,多达 20 余款型号,价格区间从 24.8 万到 148 万,包括 S40、S80L 加长版、C30、C70、XC60 和 XC90。

中国是全球发展潜力最大的汽车市场之一。秉承多年的辉煌历史,通过积极主动的商业战略,沃尔沃汽车必将在激烈的市场竞争中赢得可持续发展的美好未来。

课后练习

1. 沃尔沃汽车车标的含义是什么?
2. 请简述沃尔沃汽车发展战略。
3. 上网查询,了解吉利公司收购沃尔沃汽车及其影响。

扩展阅读

汽车品牌故事

1886年,德国工程师卡尔·本茨和高特利布·戴姆勒发明的汽车并没有车标,三年后法国人路易斯·雷纳·潘哈德开创了使用汽车商标的先河,提高了汽车品牌的知名度,促进了汽车工业的发展。由于他生产的汽车与众不同,并用商标与其他汽车区别开来,极大地促进了汽车的销售。汽车标志包含两部分,文字标志和图案标志,它们构成了汽车文化功能性与精神性的内涵,它使汽车成为融合自然科学、社会科学与艺术文化的完美器物。

从车标中我们不仅可以探寻到创业者奋斗的足迹,还能够窥视他们独立潮头的身影,有许多车标是直接用创业者的名字命名的。世界上第一辆汽车,就是用"汽车之父"卡尔·本茨(Carl Benz)的名字命名的。德国人卡尔·本茨是汽车的发明者之一,世界上第一辆汽车的制造者。他创立的奔驰汽车公司于1886年1月29日获得汽车制造专利权,这一天被公认为世界上首辆汽车的诞生日。"平治"和"奔驰"都是Benz的中译名称,前者为中国香港代理商行采用,后者则流行于中国内地,两者均被誉为品牌翻译中的经典之作,各自来历不同。"平治"给人们以傲视群雄之感,原出于《孟子》书中"修身、齐家、治国、平天下"的人生信念,既突出了汽车本身的稳重、高贵,也符合车主的显赫身份。至于奔驰的定名则更费周张,因为在中国处理外国品牌名称的翻译时,一般习惯是音译,所以起初的版本都是译音不译意。"奔驰"取自"Benz"译音,但在译意方面,可说是与译音天衣无缝,十全十美。"奔"腾飞跃,"驰"骋千里,充满活力动感,正是Mercedes-Benz的最佳写照。

福特

现代汽车之父亨利·福特在生产第一辆汽车时,对车标还不够重视,只把它当成小事来处理。直到1903年公司正式开始运营时,他才在设计工程师的劝说下同意在A型车上打一个标志。最初,福特品牌的车标是以亨利·福特先生的签名中字母"F"为基础而设计的,不过没有底色,直接烙印在汽车前端。后来,为了使标志更加显眼,才加上椭圆的蓝色背景。亨利·福特生前十分喜爱动物,他经常忙里偷闲访问动物专家,读有关动物的书籍和报纸,在这个领域也有较深的造诣。在1911年,为了博得福特的欢心,商标设计者将英文"Ford"设计成"奔跑白兔"的形象。在蓝色背景的衬托下,被艺术化的"Ford"形似活泼可爱、充满活力的小白兔在温馨的大自然中向前飞奔,它象征令人爱不释手的福特汽车将行驶于世界各地。

法拉利

法拉利汽车的车标为一匹黑色的腾马,底色为摩德纳(工厂所在地)金丝雀羽毛的颜色。在第一次世界大战中,有一位叫康蒂丝·白丽查的伯爵夫人,她的儿子弗朗希斯科·巴拉克是一名战斗机驾驶员,他用腾马作为自己的护身符和飞机的徽章,用画有腾马的帆布覆盖战机。白丽查夫人是个赛车迷,在1923年一次赛车中,她对恩佐·法拉利说:"把腾马印到你的车上吧,它会给你带来好运的。"法拉利欣然同意。就这样,一匹腾空跃起的骏马成为法拉利的永久标志。当那位勇敢的飞行员战死之后,为了纪念他,腾马标志被改成了黑色,法拉利还在骏马的上方加上了意大利国旗。

宝马

"宝马"曾译为巴依尔。由于宝马公司是以生产航空发动机开始创业的,所以商标中的蓝色为天空,白色为螺旋桨,这是宝马车标的一大特点。宝马车标采用了内外双圆圈的图形,并在双圈圆环的上方标有BMW字样的商标。整个商标就像蓝天、白云和运转不停的螺旋桨,喻示宝马公司的渊源和悠久的历史,既象征该公司过去在航空发动机技术方面的领先地位,又象征公司的一贯宗旨和目标。

保时捷

"保时捷"标志采用斯图加特市的盾形市徽。车标的中间是一匹骏马,代表斯图加特市盛产的一种名贵种马;在车标左上方和右下方是鹿角的图案,表示斯图加特曾是狩猎的好地方;在车标右上方和左下方的黄色条纹代表成熟了的麦子,喻示五谷丰登,黑色代表肥沃的土地,红色象征人们的智慧和对大自然的钟爱。这一切组成了一幅美丽的田园风景画,象征"保时捷"辉煌的过去和美好的未来。

模块 3

中国著名汽车公司

【教学目标】

1. 了解中国各大汽车集团旗下著名汽车品牌。
2. 知道各大汽车集团的发展历程和发展现状。
3. 了解各大汽车集团的经营策略及其企业文化。
4. 能使用网络平台查询自己感兴趣的企业资料。

【课时计划】

序号	任务内容	参考课时	备注
任务3.1	中国第一汽车集团公司	1	
任务3.2	上海汽车集团	1	
任务3.3	北京汽车集团	1	
任务3.4	东风汽车集团	1	
任务3.5	吉利汽车集团	1	
任务3.6	奇瑞汽车集团	1	
任务3.7	比亚迪汽车集团	1	
任务3.8	长城汽车集团	1	
机动		1	

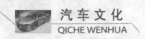

> 情境导入
>
> 世界汽车工业影响着中国汽车工业,中国汽车工业是世界汽车工业的一部分。新中国成立之后,我国的汽车工业得到了迅速发展,出现了很多能够影响世界汽车工业的著名汽车公司。本模块将对我国著名汽车公司的诞生、发展与现状进行详细讲解。

任务 3.1 中国第一汽车集团公司

3.1.1 一汽集团的诞生与发展

中国第一汽车集团公司简称中国一汽或一汽,总部位于吉林省长春市,前身是第一汽车制造厂,毛泽东主席题写厂名。一汽 1953 年奠基兴建,1956 年建成并投产,制造出新中国第一辆解放牌卡车。1958 年制造出新中国第一辆东风牌小轿车和第一辆红旗牌高级轿车。一汽的建成,开创了中国汽车工业新的历史。经过 50 多年的发展,一汽已经成为国内最大的汽车企业集团之一。

一汽现有职能部门 18 个,全资子公司 28 个,控股子公司 18 个。其中上市公司 4 个,分别是一汽轿车股份有限公司、长春一汽富维汽车股份有限公司、天津一汽夏利汽车股份有限公司和一汽启明信息技术股份有限公司。主营业务板块按领域划分为:研发、乘用车、商用车、毛坯零部件、辅助及衍生经济六大体系。

3.1.2 一汽集团的现状

一汽经过多年的发展建设,培育了以"学习、创新、抗争、自强"企业精神为核心的企业文化。初步建立了适应市场竞争需求的现代企业制度。逐步形成了东北、华北、西南三大基地,形成了立足东北、辐射全国、面向海外的开放式发展格局。改造并建设了一汽解放卡车新工厂、一汽轿车新工厂、一汽-大众轿车二工厂、天津一汽丰田轿车二工厂等新工厂,形成了较为先进的生产制造阵地。自主研发与企业核心竞争能力不断提升,形成了卡车、轿车、微型车、客车等多品种、宽系列的产品格局。拥有解放、红旗、奔腾、夏利、威志等自主品牌和大众、奥迪、丰田、马自达等合资合作品牌。

一汽产销量连续多年居中国汽车行业之首,2004 年企业年销量率先突破 100 万辆,树起了中国汽车工业发展史上的里程碑。2007 年,一汽实现销售 143.6 万辆,实现销售收入 1 885 亿元,列世界 500 强第 303 位,中国企业 500 强第 14 位;世界机械 500 强第 49 位,中国机械工业 500 强第 1 位;中国制造业企业 500 强第 2 位和 2007 年度"最具影响力企业"第 2 位。"中国一汽"以 605.78 亿元的品牌价值位列国内汽车行业第一。

3.1.3 一汽集团的主要品牌及车型系列

一汽集团比较重要的 8 家汽车子公司为:一汽解放、一汽轿车、一汽吉林汽车、一汽-大众、一汽丰田、一汽通用、天津一汽、一汽客车,如图 3.1 所示。

1. 一汽解放

一汽解放汽车有限公司是中国一汽集团旗下的中重型卡车企业,总部位于吉林省长春市,员工 23 000 人,整车年生产能力 20 万辆。主要车型系列有:牵引卡车系列、载货卡车系列、自卸卡车系列、轻型卡车系列等,如图 3.2 所示。

图 3.1　一汽集团的主要品牌及车型系列

图 3.2　卡车系列

2. 一汽轿车

一汽轿车现有红旗(图 3.3)、一汽奔腾(图 3.4)、一汽欧朗(Oley)(图 3.5)、马自达(图 3.6)等乘用车产品系列,近年来,公司品牌和产品的知名度、美誉度不断提高。

图 3.3　红旗

图 3.4　一汽奔腾

3. 一汽吉林汽车

一汽吉林汽车公司主导产品为"一汽佳宝"系列微型汽车(图 3.7)和"一汽森雅"系列多功能车(图 3.8)。"一汽佳宝"在满足国内客户需要的同时,还远销亚洲、非洲、欧洲、南北美洲 50 多个国家和地区。

图 3.5　一汽欧朗　　　　　　　　　　　　图 3.6　马自达

图 3.7　一汽佳宝　　　　　　　　　　　　图 3.8　一汽森雅

4. 一汽-大众

一汽-大众汽车有限公司(简称一汽-大众)于1991年2月6日成立,是由中国第一汽车集团公司、德国大众汽车股份公司、奥迪汽车股份公司和大众汽车(中国)投资有限公司合资经营的大型乘用车生产企业。从建厂之初的一个品牌一款产品,发展到现在的奥迪(图3.9)、大众(图3.10)两大品牌十大系列产品——奥迪 A6L、奥迪 Q5、奥迪 A4L、奥迪 Q3、迈腾、CC、速腾、宝来、高尔夫和捷达轿车等车型。

图 3.9　奥迪　　　　　　　　　　　　图 3.10　大众

面向未来,一汽提出了坚持用户第一,尊重员工价值,保障股东利益,促进社会和谐,努力建设具有国际竞争力的"自主一汽、实力一汽、和谐一汽"的奋斗目标。一汽人正以自己特有的汽车情怀,抗争图强,昂扬向上,为推动汽车工业又好又快发展,为实现人、车、社会和谐发展做出新的更大的贡献。

课后练习

请登录一汽集团官网 http://www.faw.com.cn。查看"一汽丰田、一汽通用、天津一汽、一汽客车"的相关信息。分别写出它们旗下相关车型系列的名称。

一汽丰田车型系列：

一汽通用车型系列：

天津一汽车型系列：

一汽客车车型系列：

任务3.2　上海汽车集团

3.2.1　上海汽车集团公司的诞生与发展

上海汽车集团股份有限公司简称上汽集团，英文名称 SAIC Motor，上汽集团是中国四大汽车厂商之一。它目前已经发展为一家跨国型汽车厂商，其总部在中国上海。2011 年，上汽集团年产量突破 400 万辆，成为中国目前第一大汽车制造商。上汽集团的历史可以追溯到 20 世纪 40 年代，上汽的前身是当时为数不多的汽车厂商。上汽第一辆汽车就是在那个时候诞生的，名为 SH760。

上汽集团 1984 年与德国大众集团签订协议，在 1985 年成立了上海大众汽车有限公司，开始批量生产上海大众桑塔纳（图 3.11），上汽集团真正崛起。

图 3.11　桑塔纳

20 世纪 90 年代，上汽集团的发展速度非常快，它在这段时期建立了属于自己的整个供应链体系，在产品质量和生产效率上都大幅度提高。在上汽与大众汽车合作初期，桑塔纳的大部分部件都是由德国大众提供的，之后更多零部件逐渐由上汽提供。1987 年，桑塔纳的部件中只有轮胎、收音机以及天线是国产的，而到了 1998 年，整车超过 90% 的部件都由当地生产商提供。加速国产化这一点也是

上海市政府当时促成的结果,可以说上汽的成功离不开上海市政府的支持。

1997年6月,通用汽车集团也决定和上汽集团合作,建立了合资公司上海通用汽车有限公司(Shanghai General Motors Co Ltd)。与通用的合作同样非常成功,2000~2004年,上汽集团总销量较之前翻了一番,其中大部分就来自上海通用的贡献。

2011年4月13日,上汽集团通过收购获得的英国MG品牌,在英国的长桥(Longbridge)工厂正式开始量产,量产车型为MG6。虽然这个品牌是英国的,但目前已经完全归属中国上汽集团旗下,能在海外建厂生产值得肯定,尤其是在英国这种老牌资本主义国家。

3.2.2 上汽集团的现状

上海汽车,集30年合资经验之大成,跻身国内资本市场中最大的整车上市公司,2013年,上汽集团整车销量达到510.6万辆,同比增长13.7%,继续保持国内汽车市场领先优势,并以2012年度762.3亿美元的合并销售收入,第九次入选《财富》杂志世界500强,排名第103位,比上一年上升了27位,成为同业中上升最快的企业。

总部位于英国长桥的上海汽车英国技术中心,由近260位平均从业经验20年的资深工程师和欧洲知名的顶尖设计团队组成,包括BMW及Lotus的前任总设计师,成为上海汽车赖以引领同侪的科技保障。

上海汽车作为国际化品牌的经营者,投资18亿元建立了上海汽车技术中心,包括上汽海外研发中心共同成为上海汽车的技术研发基地。2005年建成的整车制造基地,拥有全球最先进的生产制造体系,国际领先的技术与工艺,水溶性油漆车间、无人焊装车间、QCOS系统,102个品控环节及100%在线监控,在精益化、敏捷化、柔性化、模块化和高质量的制造管理方面均达到国际领先水准。

荣威作为旗下品牌,以其优异表现和一贯品质坚持,权威汽车评级机构J.D. Power亚太分公司发布的2009年、2010年中国汽车市场SSI与CSI满意度指数调研报告中连续两年与奥迪、宝马、别克、丰田等品牌一同跻身前十强。2009年更创下国内汽车入榜最佳成绩,荣膺SSI冠军与CSI四强。同时,上海汽车率先全面通过欧盟整车型式认证(WVTA),不仅通过汽车排放水平、安全性能等48个严苛测试项目,更在产品一致性保证能力、质量控制体系、ELV等诸多方面达到世界一流标准。

3.2.3 上汽集团的主要品牌及车型系列

上汽集团(图3.12)所属主要整车企业主要包括上汽集团乘用车公司、上汽集团商用车公司、上海大众汽车有限公司、上海通用汽车有限公司、上汽通用五菱汽车股份有限公司、南京汽车集团有限公司、南京依维柯汽车有限公司、上汽依维柯红岩商用车有限公司和上海申沃客车有限公司等整车企业。2013年,上汽集团整车销量达到510.6万辆,同比增长13.7%,继续保持国内汽车市场领先优势。下面仅对上海大众汽车有限公司和上海通用汽车有限公司进行介绍。

1. 上海大众汽车有限公司

上海大众汽车有限公司(以下简称上海大众汽车)是一家中德合资企业,中德双方投资比例为:上海汽车集团股份有限公司50%、德国大众汽车集团40%、大众汽车(中国)投资有限公司10%。

作为国内规模最大的现代化轿车生产基地之一,上海大众汽车目前已经形成了以上海安亭为总部,辐射南京、仪征、乌鲁木齐、宁波的五大生产基地。此外,湖南(长沙)项目也正在建设中。基于大众、斯柯达两大汽车品牌,公司目前拥有Polo、Touran途安(图3.13)、Lavida、Tiguan途观、Santana桑塔纳、Passat帕萨特和Fabia晶锐、Rapid、Yeti野帝、Octavia昊锐(图3.14)、Superb速派等系列产品,覆盖A0级、A级、B级、SUV、MPV等不同细分市场。

图3.12 上汽集团

图3.13 Touran 途安

图3.14 Octavia 昊锐

2.上海通用汽车有限公司

上海通用汽车有限公司成立于1997年6月12日,由上海汽车集团股份有限公司、通用汽车公司共同出资组建而成。目前拥有浦东金桥、烟台东岳、沈阳北盛和武汉分公司(在建)四大生产基地,共4个整车生产厂、2个动力总成厂,是中国汽车工业的重要领军企业之一。上海通用汽车有限公司坚持"以客户为中心、以市场为导向"的经营理念,不断打造优质的产品和服务,目前已拥有别克(图3.15)、雪佛兰(图3.16)、凯迪拉克(图3.17)三大品牌,二十多个系列的产品阵容,覆盖了从高端豪华车到经济型轿车各梯度市场,以及高性能豪华轿车、SUV、MPV、混合动力和电动车等细分市场。

图3.15 别克

图3.16 雪佛兰

图 3.17 凯迪拉克

课后练习

请登录上汽集团官网：http://www.saicgroup.com/chinese/default.shtml。查看上汽集团乘用车公司、上汽集团商用车公司、上汽通用五菱汽车股份有限公司、南京依维柯汽车有限公司的相关信息。分别写出它们旗下的汽车品牌和车型系列。

上汽集团乘用车公司：

上汽集团商用车公司：

上汽通用五菱汽车股份有限公司：

南京依维柯汽车有限公司：

任务 3.3　北京汽车集团

3.3.1　北京汽车集团的诞生与发展

北京汽车与北汽集团为统一标识。北汽集团新发布的品牌标识将"北"字作为设计的出发点，"北"既象征了中国北京，又代表了北汽集团，体现出企业的地域属性与身份象征。

北京汽车集团有限公司（简称"北汽集团"），总部在北京，1958年6月20日随着北京第一辆自主研发的"井冈山"轿车开进中南海，受到毛泽东和刘少奇、朱德、邓小平等开国元勋的称赞，拉开了北京生产汽车的序幕。北京汽车工厂先后自主研制、生产了北京牌BJ210、BJ212等系列越野车，北京牌勇士系列军用越野车，北京牌BJ130、BJ122系列轻型载货汽车，以及欧曼重卡、欧V大客车等著名品牌产品，合资生产了"北京Jeep"切诺基、现代品牌、奔驰品牌产品。

1984年时即与当时的克莱斯勒公司（现戴姆勒克莱斯勒（Daimler Chrysler））合资成立北京吉普

汽车有限公司,成为中国汽车制造业的首家合资企业,生产切诺基越野车,但此后公司的年销售额平均只有8 000辆,最高不超过3万辆。

2004年10月,北京吉普奔驰轿车项目生产的首批奔驰轿车正式下线;年内,北汽福田与奔驰公司的商务车合作项目正式对外公布;此外,北汽福田申报的第五个商用车品牌——欧威客车获批,北汽集团产品系列将进一步得到完善。

2009年12月14日,北京汽车完成了对瑞典萨博汽车公司相关知识产权的收购工作。北京汽车将以高端品牌萨博的先进技术为基础,开辟中国汽车产业的全新格局。

3.3.2 北汽集团的现状

经过近60年的发展,北京汽车集团现已发展成为中国五大汽车集团之一。主要从事整车制造、零部件制造、汽车服务贸易、研发、教育和投融资等业务,是北京汽车工业的发展规划中心、资本运营中心、产品开发中心和人才中心。北汽集团以科学发展观为统领,按照"走集团化道路,实现跨越式发展"的新战略,进一步增强战略、运营、资本控制力,成功打造了整车制造、零部件发展、自主研发、服务贸易和改革调整等五大发展平台,是中国汽车产品门类最为齐全的汽车集团。

2015年,北汽集团将实现整车产能400万辆、销量360万辆以上,市场占有率13.5%以上;营业收入4 500亿元;力争进入世界汽车行业前15位。"十二五"期间,北汽集团将以提高企业核心竞争能力为目标,坚持国际合作和自主发展相结合,调整优化产品结构和产业结构,提升全价值链的综合竞争力,按照"自主创新,规模发展,建设实力北汽、规模北汽、世界北汽、和谐北汽"的发展战略。

在未来5年,以国内市场为基础,同时大力开拓国际市场,以基于萨博技术的自主品牌轿车和越野车为龙头,北京汽车自主品牌乘用车在9大平台上将陆续推出20余款新车,全面覆盖从A0级到C级轿车、轻重型越野车和交叉型车系列产品线。而且,到2015年,年产能将力争实现70万辆,北京汽车将成为国内一流、国际有影响的大型汽车公司之一。

3.3.3 北汽集团的主要品牌及车型系列

经过几十年的发展,北京汽车集团(图3.18)已经发展成为拥有北京汽车、北京现代、北京奔驰、北汽福田等整车制造销售公司。

图3.18 北京汽车集团

1. 北京汽车

北京汽车销售有限公司是北京汽车股份有限公司负责整车销售业务板块的全资子公司,全面负责北京汽车自主品牌轿车、微型车两大类型产品的市场、销售、服务等相关业务。目前在售车型是北京汽车旗下自主品牌产品,其中轿车板块包括北汽越野车(图3.19)、源自瑞典豪华品牌萨博核心技术的中高级轿车——绅宝(图3.20),经济型轿车——E系列;微车板块以"威旺"系列车型(图3.21)为主。

图3.19 北汽越野车

图3.20 绅宝

2. 北京现代汽车

北京现代汽车有限公司成立于2002年10月18日,由北京汽车投资有限公司和韩国现代自动车株式会社共同出资设立,注册资本121 906.8万美元,中韩双方各占50%,合资期限为30年。经营范围为设计、开发、生产和销售轿车、卡车整车、发动机及其零部件,为合资公司生产并销售的产品提供售后,以及其他相关业务。现有员工15 000余人,累计产销量已突破500万辆。北京现代是中国加入WTO后被批准的第一个汽车生产领域的中外合资项目,被确定为振兴北京现代制造业、发展首都经济的龙头项目和示范工程。

图3.21 威旺

截至2013年12月底,北京现代已拥有MISTRA名图(图3.22)、第八代索纳塔、全新胜达、ix35(图3.23)、途胜、朗动、VERNA瑞纳、ELANTRA悦动、伊兰特等12个系列车型,其中MISTRA名图、第八代索纳塔、全新胜达、朗动、ELANTRA悦动、VERNA瑞纳6款车型单月销量已超过万辆。

图3.22 MISTRA名图

图3.23 ix35

3. 北京奔驰汽车

北京奔驰汽车有限公司(简称北京奔驰)是北京汽车股份有限公司与戴姆勒股份公司、戴姆勒大中华区投资有限公司共同投资,集研发、发动机与整车生产、销售和售后服务为一体的中德合资企业。

作为中国最先进的世界级汽车制造企业,北京奔驰为汽车企业设立了全新标准:精益化制造、全球统一的品质保障、绿色环保与科技创新,负责任的企业公民和受人尊敬的最佳雇主。北京奔驰目前生产梅赛德斯-奔驰长轴距E级轿车(图3.24)、C级轿车和GLK级豪华中型SUV(图3.25)。

图 3.24　奔驰 E 级

图 3.25　奔驰 GLK

北京奔驰以"拓展行驶空间,提高生活品质"为使命,致力于向中国用户提供与梅赛德斯—奔驰全球标准一致的产品和服务,以优秀的业绩回报社会、客户与员工。

课后练习

请打开北汽官网:http://www.baicgroup.com.cn/index.php。查看北汽福田汽车和北汽新能源汽车的相关信息。

北汽福田汽车:

北汽新能源汽车:

任务 3.4　东风汽车集团

3.4.1　东风汽车集团的诞生与发展

东风汽车公司(原第二汽车制造厂)始建于 1969 年,总部设在"九省通衢"的武汉,主要基地分布在十堰、襄阳、武汉、广州等地,主营业务涵盖全系列商用车、乘用车、零部件和汽车装备等。

东风汽车公司肩负共和国的重托,日益发展壮大,逐步成为集科研、开发、生产、销售于一身的特大型国有骨干企业,是国有经济的重要支柱企业。2004 年,东风将旗下的东风汽车有限公司、神龙汽车有限公司、东风本田汽车有限公司、东风电动车辆股份有限公司、东风越野车有限公司等主要业务进行整合,成立了东风汽车集团股份有限公司,于 2005 年 12 月在香港联交所上市。截至 2011 年底,东风汽车公司总资产达 2 320 亿元,员工数 16 万人,2012 年销售汽车 307.85 万辆,营业收入 3 904 亿元。东风汽车公司位居 2012 年《财富》世界 500 强第 142 位,2012 年中国企业 500 强第 16 位,中国制造业企业 500 强第 3 位。

2011 年 12 月 10 日,东风汽车公司正式发布东风自主品牌"乾"D300 计划,该计划的总体目标是:到 2016 年,东风总体自主品牌销量达到 300 万辆,其中,东风品牌商用车 100 万辆,东风品牌乘用车 100 万辆,其他自主品牌 100 万辆。同时,希望东风自主品牌商用车做到国内第一、世界前三;东风自主品牌乘用车稳居国内自主品牌乘用车第一阵营。2012 年,东风自主品牌汽车实现销售 112.1 万辆,位居行业前三。东风自主品牌商用车实现销售 60.6 万辆,继续保持国内领先水平,中、重卡销量连续

9年行业第一;东风自主品牌乘用车实现销售51.52万辆,同比增长27.29%,高于行业21.94个百分点。

3.4.2 东风汽车集团的现状

经过39年的发展,东风公司已经构建起行业领先的产品研发能力、生产制造能力与市场营销能力,东风品牌早已家喻户晓。在科学发展观的指引下,公司的经营规模和经营质量快速提升,公司也相应确立了建设"永续发展的百年东风,面向世界的国际化东风,在开放中自主发展的东风"的发展愿景,提出了"打造国内最强、国际一流的汽车制造商,创造国际居前、中国领先的盈利率,实现可持续成长,为股东、客户、员工和社会长期创造价值"的事业梦想。如今,公司12万多员工正在为这一愿景和事业梦想而努力奋斗。展望未来,东风公司一定会在新的发展阶段,为广大用户提供更多的优质产品和服务,为社会、为国家、为中国汽车工业做出更大的贡献。

东风公司构建了完整的研发体系,在研发领域开展广泛的对外合作,搭建起全系列商用车、乘用车、校车研发平台及其支撑系统,进一步完善了商品计划和研发流程。东风将在消化、吸收国内外先进技术的基础上不断强化自身研发能力,提升核心竞争力。

瞻望前程,东风公司已经确立了"建设一个永续发展的百年东风,一个面向世界的国际化东风,一个在开放中自主发展的东风"的发展定位。公司将紧紧抓住中国全面建设小康社会和国内汽车市场持续走强的历史性机遇,力争通过五年的奋斗,实现产销规模、经营效益和员工收入三个翻番,企业综合实力稳居行业领先,东风品牌跻身国际行列,把东风建设成为自主、开放、可持续发展,并具有国际竞争力的汽车集团。

3.4.3 东风汽车集团的主要品牌及车型系列

东风汽车集团股份有限公司(图3.26)目前拥有14家附属公司、共同控制实体及其他拥有直接股权的公司,包括与日本日产汽车公司合资的东风汽车有限公司(包括东风商用车公司、东风日产乘用车公司、东风汽车股份有限公司等子公司)、与法国PSA合资的神龙汽车有限公司(包括神龙、标致双品牌)、与日本本田合资的东风本田汽车有限公司等。

1. 东风日产汽车

东风日产乘用车公司(Dongfeng Nissan Passenger Vehicle Company)的前身为东风汽车有限公司乘用车公司(风神汽车公司),成立于2003年6月,是东风汽车有限公司的重要组成部分。东风日产乘用车公司自诞生之日起,就立志成为中国乘用车市场的最佳品牌之一。东风日产旗下现拥有天籁(图3.27)、TIIDA(骐达/颐达)(图3.28)、轩逸、骏逸、骊威、逍客、奇骏等多款畅销车型。

2. 东风雪铁龙汽车

雪铁龙新标识东风汽车公司始建于1969年,是中国汽车行业的骨干企业。经过三十多年的建设,已陆续建成了十堰(主要以中、重型商用车,零部件,汽车装备事业为主)、襄樊(以轻型商用车、乘用车为主)、武汉(以乘用车为主)、广州(以乘用车为主)等主要生产基地,公司运营中心于2003年9月28日由十堰迁至武汉。

东风雪铁龙现拥有6个系列轿车产品:塞纳、凯旋、C5(图3.29)、新萨拉·毕加索、新爱丽舍、世嘉(图3.30)和富康系列,全面覆盖和满足了中国家庭以及商务轿车市场的需求。

东风集团

集团附属厂家

| 东风本田 | 东风乘用车 | 东风渝安 | 东风风行 | 东风悦达起亚 | 东风日产 |
| 神龙汽车 | 郑州日产 | 东风裕隆 | | | |

集团涉及品牌

日产　　　雪铁龙　　　纳智捷　　　起亚　　　本田　　　标致

东风风度　东风风神　东风　启辰　思铭　东风风行

东风小康

图 3.26　东风汽车集团股份有限公司

图 3.27　天籁　　　　　　　　　　　　　图 3.28　颐达

图 3.29　C5　　　　　　　　　　　　　图 3.30　世嘉

3. 东风标致汽车

东风标致属神龙汽车有限公司旗下品牌。2002年10月，东风汽车公司与法国PSA集团（标致雪铁龙集团）签订扩大合作的合资合同，两大集团强强联手，全面展开将标致品牌引入中国的新蓝图，东风标致由此诞生。自成立以来，东风标致秉承"美感、可靠、活力、创新"的品牌理念，一直致力于将自己打造成中国主流汽车品牌之一。通过差价补偿、安全行乐天下、蓝色承诺等一系列活动，东风标致已树立起了良好的诚信品牌形象。东风标致汽车旗下现拥有207、301、401、307、408、508（图3.31）、2008、3008（图3.32）等系列车型。

图3.31　东风标志508

图3.32　东风标致3008

课后练习

请上网浏览东风汽车集团官网：http://www.dfmc.com.cn/info/introduce.aspx。查询东风本田汽车和东风悦达起亚汽车旗下相关车型的信息。

东风本田车型：

东风悦达起亚车型：

任务3.5　吉利汽车集团

3.5.1　吉利汽车的诞生与发展

浙江吉利控股集团始建于1986年，1997年进入汽车行业，多年来专注实业，专注技术创新和人才培养，取得了快速发展。现资产总值超过1 100亿元，连续2年进入世界500强，连续11年进入中国企业500强，连续9年进入中国汽车行业10强，是国家"创新型企业"和"国家汽车整车出口基地企业"。

吉利控股集团总部（图3.33）设在杭州，在浙江台州、宁波和兰州、湘潭、济南、成都等地建有汽车整车和动力总成制造基地，在澳大利亚拥有DSI自动变速器研发中心和生产厂。现有10多款整车产品，1.0～2.4 L全系列发动机及相匹配的手动/自动变速器。

吉利控股集团在国内建立了完善的营销网络，拥有近千家品牌4S店和近千个服务网点；在海外建有近200个销售服务网点；投资数千万元建立国内一流的呼叫中心，为用户提供24小时全天候快捷服务。截至 2013 年底，吉利汽车累计社会保有量超过 300 万辆。

图 3.33　吉利控股集团总部

3.5.2　吉利集团的现状

　　吉利控股集团现有员工 18 000 余人，其中工程技术人员 2 300 余人。拥有院士 3 名、外国专家数百名，在册博士 50 余名、硕士 640 余名、高级工程师及研究员级高级工程师数百名；有 6 人入选国家"千人计划"，成为拥有"千人计划"高端人才最多的民营企业。

　　吉利控股集团投资数十亿元建立的北京吉利学院、海南大学三亚学院、浙江汽车职业技术学院、湖南吉利汽车职业技术学院等高等院校，在校学生超过 4 万人；每年有近万名毕业生走上工作岗位，为中国汽车工业和社会输送了宝贵人才；受中国汽车工程学会委托，投资建立的浙江汽车工程学院，是中国首个专门培养汽车车辆工程硕士、博士的研究生院，已有 30 余名研究生毕业。

　　本着"总体跟随、局部超越、重点突破、招贤纳士、合纵连横、后来居上"的发展战略和"快乐人生，吉利相伴"的核心价值理念，浙江吉利控股集团将坚持走科技创新的道路，发挥团队智慧，打造有影响力和竞争力、受人尊敬的世界 500 强汽车企业集团，为中国汽车工业自主品牌的崛起，为实现"造最安全、最环保、最节能的好车，让吉利汽车走遍全世界"的美丽追求而奋斗。

3.5.3　吉利汽车集团的汽车品牌及车型

　　吉利汽车集团（图 3.34）旗下现有三大主品牌，即吉利汽车品牌、吉利沃尔沃和中誉汽车吉利汽车子品牌及相关车型。

图 3.34　吉利汽车集团

1. 吉利汽车

吉利主品牌旗下分为吉利熊猫、吉利自由舰、吉利帝豪(图3.35)、吉利全球鹰(图3.36)等子品牌。

图3.35 吉利帝豪

图3.36 吉利全球鹰

2. 吉利沃尔沃

2010年,中国汽车企业浙江吉利控股集团从福特手中购得沃尔沃轿车业务,并获得沃尔沃轿车品牌的拥有权,开创了我国著名汽车公司收购世界汽车品牌的先例,让中国的汽车工业扬眉吐气。现在,吉利沃尔沃成都工厂生产的沃尔沃车型有沃尔沃 XC60SUV 车型(图3.37)以及 S60L 轿车(图3.38)。

图3.37 沃尔沃 XC60

图3.38 沃尔沃 S60L

为了发展民族汽车工业,为老百姓造买得起的好车,吉利人以虚心的态度,向管理水平高的同行学习,向前辈学习,多了解中国民族汽车工业的现状,谦虚好学,不断提高,对吉利这个新兴的汽车生产企业的发展来说尤为重要,良好的信誉、周到的服务、可靠的质量是公司发展的立足点,让国内外客户满意则是公司乃至吉利控股集团的一贯经营宗旨。在未来的发展道路上,吉利人也许会遇到各种各样的艰难险阻,但我们有理由相信,吉利一定会真正成为世界著名汽车公司,为祖国争光。

课后练习

请在网上输入吉利汽车集团官网:http://www.geely.com/welcome/index.html。浏览吉利汽车的相关信息,并记录吉利使命感、吉利精神和吉利愿景。

吉利使命感:

吉利精神:

吉利愿景:

任务3.6 奇瑞汽车集团

3.6.1 奇瑞汽车的诞生与发展

奇瑞汽车股份有限公司(图3.39)于1997年1月8日注册成立,现注册资本为36.8亿元,总部位于安徽省芜湖市。奇瑞在中国是比较知名的一家自主品牌汽车企业,有一部分人可能以为它是民营企业,实际上它是正儿八经的国有企业。1997年3月18日动工建设,1999年12月18日,第一辆奇瑞轿车下线。2001年,奇瑞轿车正式上市,当年便以单一品牌完成销售2.8万辆;2002年,奇瑞轿车产销量突破5万辆,成功跻身国内轿车行业"八强"之列,成为行业内公认的"车坛黑马"。2005年销售18.9万辆,比上年增长118%,全国轿车市场占有率达6.7%。2007年8月22日第100万辆汽车下线,奇瑞实现了从"通过自主创新打造自主品牌"第一阶段向"通过开放创新打造自主国际名牌"第二阶段的转变,进入全面国际化的新时期。2010年,奇瑞实现全球销量682 058辆,同比增长36.3%,连续10年蝉联中国自主品牌销量冠军。

图3.39 奇瑞汽车股份有限公司

奇瑞以打造"国际名牌"为战略目标,经过17年的创新发展,现已成为国内最大的集汽车整车、动力总成和关键零部件的研发、试制、生产和销售为一体的自主品牌汽车制造企业,以及中国最大的乘用车出口企业。

公司已在国内建有芜湖、大连、开封和鄂尔多斯四大生产基地,在海外15个国家和地区建成了16个工厂,具备年产90万辆整车、90万台发动机及45万台变速箱的生产能力。

3.6.2 奇瑞汽车的现状

"自主创新"是奇瑞发展战略的核心。从创立之初,奇瑞就坚持自主创新,努力成为一个技术型企业。奇瑞已建成了以芜湖的汽车工程研究和研发总院为核心,以北京、上海以及海外的意大利、日本和澳大利亚的研究分院为支撑,形成了从整车、动力总成、关键零部件开发到试制、试验较为完整的产品研发体系。2008年,奇瑞成为我国首批"创新型企业","节能环保汽车技术平台建设"等两个项目分别荣获国家科技进步奖一等奖、二等奖。截至2011年底,奇瑞公司累计申报各项专利6 626件,累计获得各项授权专利4 595件,位居本土汽车企业第一位。

打造"国际名牌"是奇瑞的战略发展目标。奇瑞积极实施"走出去"战略,成为我国第一个将整车、CKD散件、发动机以及整车制造技术和装备出口至国外的轿车企业。2006年奇瑞被国家商务部、发改委联合认定为首批"国家汽车整车出口基地企业";奇瑞产品面向全球80余个国家和地区出口,已建或正在建的海外16个CKD工厂,通过这些生产基地的市场辐射能力,实现了全面覆盖亚、欧、非、南美和北美五大洲的汽车市场,累计出口销量已达到50万辆,位居国内汽车企业第一位。

奇瑞汽车产品品质和服务质量大幅提升,带动了品牌形象和价值的提升。2006年,"奇瑞"被认定为"中国驰名商标",入选"中国最有价值商标100强";2010年,奇瑞公司连续第五次被《财富》杂志评为"最受赞赏的中国公司";2010年,奇瑞继2007年后再次入围罗兰贝格公司发布的"全球最具竞争力的中国公司TOP10";2011年,奇瑞汽车首次跻身胡润中国品牌榜100强。

奇瑞凭借富有朝气的创新文化,实现了跨越式发展,未来,奇瑞将秉承"自主创新、世界一流、造福人类"的奋斗目标,继续保持艰苦奋斗的"小草房"精神,为实现打造国际名牌的发展目标而努力奋斗。

3.6.3 奇瑞汽车集团的汽车品牌及车型

奇瑞汽车集团(图3.40)建立了A00、A0、A、B、SUV五大乘用车产品平台,拥有奇瑞、瑞麒、威麟、开瑞和观致五大品牌,上市产品包括13个系列26款车型。

图3.40 奇瑞汽车集团

1. 奇瑞品牌

奇瑞汽车有限公司于1997年由5家安徽地方国有投资公司投资17.52亿元注册成立。奇瑞汽车是奇瑞汽车股份有限公司旗下最早最知名的汽车品牌。旗下拥有QQ3、A1、A3(图3.41)、旗云(图3.42)、瑞虎等相关车型。

图3.41 A3

图3.42 旗云

2.瑞麒汽车

悬挂 R 型飞翼车标的瑞麒 RIICH(图 3.43),是奇瑞的中高端轿车品牌,同时是拓展海外市场的主力。2009 年 3 月 19 日,中国奇瑞汽车股份有限公司于安徽芜湖正式发布中高端乘用车品牌"RIICH 瑞麒"汽车(图 3.44),同期发布的还有全能商务车品牌"Rely 威麟"汽车(图 3.45)。

图 3.43 瑞麒车标

图 3.44 RIICH 瑞麒

图 3.45 Rely 威麟

总地来说,奇瑞在国内是影响力较大的自主品牌厂商,其中不乏一些相当热卖的车型。不过中国汽车市场竞争非常激烈,自主品牌之间本身也在互相争夺市场,比如成立时间更短的比亚迪销量已经在奇瑞之上,奇瑞显然不会乐于满足现状。在海外,尤其是一些第三世界国家市场获得一杯羹则是奇瑞值得自豪的事情。未来通过和捷豹路虎的合作,相信奇瑞还会有所发展。

课后练习

奇瑞之所以有今天这样的成就,与奇瑞人的品质是分不开的。奇瑞人的品质是:"钢铁般的意志;大海般的胸怀;冰山般的冷静;初恋般的激情。"请结合这句话,谈谈你个人的感受。

任务 3.7　比亚迪汽车集团

3.7.1　比亚迪汽车的诞生与发展

比亚迪 LOGO 在 2007 年已由蓝天白云的老标换成了只用三个字母和一个椭圆组成的标志了，BYD（图 3.46）的意思是 build your dreams，即成就梦想。

比亚迪股份有限公司（图 3.47）始建于 1995 年，由 20 多人的规模起步，短短十年时间内迅速成长为 IT 及电子零部件的世界级制造企业，为全球第二大移动能源供应商，被誉为"制造业基因携带者""国际 OEM 皇帝"和"世界 OEM 隐形冠军"。2002 年，比亚迪在香港证券交易所上市，创下了 54 支 H 股最高发行价的纪录。2003 年比亚迪跻身为全球第二大充电电池生产商。2006 年，比亚迪入选全球企业新兴百强。今天，比亚迪股份在全球拥有员工 100 000 余人，公司市值已超过 300 亿港币。目前，比亚迪 IT 及电子零部件产业已覆盖手机所有零部件及组装业务。

图 3.46　BYD 标志

比亚迪汽车——比亚迪股份的直属子公司。2003 年比亚迪正式收购陕西秦川汽车有限责任公司，组建比亚迪汽车，进入汽车制造与销售领域，开始了民族自主品牌汽车的发展征程。比亚迪汽车坚持自主研发、自主品牌、自主发展的发展模式，以"造世界水平的好车"为产品目标，以"打造民族的世界级汽车品牌"为产业目标，立志振兴民族汽车产业。

目前，比亚迪已建成西安、北京、深圳、上海四大产业基地，在整车制造、模具开发、车型研发等方面都达到

图 3.47　比亚迪总部

了国际领先水平，产业格局日渐完善。比亚迪汽车在上海建设有一流的研发中心，拥有 3 000 多人的汽车研发队伍，每年获得国家研发专利超过 500 项。在西安建设有国际领先水平的轿车生产线，总产能达到 20 万辆。在深圳建成现代化汽车城，总产能将达到 30 万辆，并建成第二研发中心，将成为比亚迪汽车中高级汽车的生产基地。北京模具制造中心，业已形成专业化、规模化的模具产业格局，为世界知名汽车品牌制造整车模具。2006 年，比亚迪集团实现销售收入 129 亿元，同比增长 101%；汽车产业取得骄人业绩，主力车型 F3 实现销售 63 153 辆，同比增长 472%，实现销售收入近 50 亿元。F3 还实现出口 5 000 余辆，产品覆盖 16 个国家和地区。2007 年，比亚迪汽车将推出 F3R、F6、F8 等三款重量级车型，力争实现整车销量 10 万辆，进入国内主流汽车制造厂商行列。2007 年以来，比亚迪 F3 月销连续突破 1 万辆，发展势头迅猛。7 月份，比亚迪另一款两厢中级轿车 F3R 全国上市，以超凡动力、超级安全、超酷外形引领两厢车新时尚，掀起新的两厢车销售风暴。2007 年 6 月 18 日，比亚迪 F3 第 10 万辆成功下线，成为最快突破 10 万辆的自主品牌车型。2007 年 8 月 9 日，比亚迪第一款中高级商务轿车 F6 在深圳坪山基地下线，自主品牌冲击中高级轿车市场从 F6 开始。比亚迪深圳坪山基地占地 180 万平方米，至此比亚迪集团已经形成 700 万平方米的庞大产业格局，在集团发展的强大驱动下，比亚迪汽车将以强大的实力驰骋在汽车大潮中。

3.7.2 比亚迪汽车的现状

发展至今,比亚迪汽车产业分布在深圳坪山、西安、北京、上海、惠州、长沙、韶关七大工业园,形成了集研发设计、模具制造、整车生产、销售服务于一体的完整产业链组合。比亚迪汽车在车型研发、模具开发、整车制造等方面都达到了国际领先水平,产业格局日渐完善。比亚迪汽车坚持自主品牌、自主研发、自主发展的发展模式,以"打造民族的世界级汽车品牌"为产业目标,立志振兴民族汽车产业。

作为最具创新的新锐民族自主品牌,比亚迪汽车保持了连续 5 年超 100% 高增长!2005 年比亚迪汽车销量约 2 万台;2006 年比亚迪汽车销量约 6 万台;2007 年比亚迪汽车销量约 10 万台;2008 年比亚迪汽车销量约 17 万台。2009 年 8 月至 2010 年 5 月,F3 连续 10 个月保持全国销量总冠军!2009 年,比亚迪汽车销量超过 44.8 万台,同比增幅达 162%!

2011 年 10 月 26 日,比亚迪 e6 先行者电动车正式上市。比亚迪 e6 先行者搭载了比亚迪自主研发的铁电池,该车的最大(额定)功率为 100 马力左右,峰值扭矩为 450 N·m,最高车速可达到 140 km/h。在不开空调的情况下,该车综合工况续驶里程最长达 300 km,百公里能耗为 20 度电左右。

作为电动车领域的领跑者和全球充电电池产业的领先者,比亚迪迅速掌握了关系电动汽车成败的关键一环——动力电池核心技术,并已经拥有实现大规模商业化的技术和条件,能够开发更为节能、环保的电动汽车产品,实现性能的提升和普及应用。

3.7.3 比亚迪汽车旗下车型

汽车产品包括各种高、中、低端系列燃油轿车,以及汽车模具、汽车零部件、双模电动汽车及纯电动汽车等。代表车型包括 F3、F3R、F5(图 3.48)、F6、F8(图 3.49)、F0、G3、G3R、L3/G6(图 3.50)、速锐等传统高品质燃油汽车、S8 运动型硬顶敞篷跑车、高端 SUV 车型 S6(图 3.51)和 MPV 车型 M6(图 3.52),以及领先全球的 F3DM(图 3.53)、F6DM 双模电动汽车和纯电动汽车 E6 等。

图 3.48 F5

图 3.49 F8

图 3.50 G6

图 3.51 S6

图 3.52　M6　　　　　　　　　　　　　　　图 3.53　F3DM

有人追逐的是现在,而我们思考的是未来。为地球,为人类,为未来,前瞻责任之重,作为中国著名的汽车企业,比亚迪深知自己的社会责任,以"打造民族的世界级汽车品牌"为产业目标,立志振兴民族汽车产业,倾力缔造属于中国人的伟大企业。作为新能源电动车的领导者,从研发到生产,比亚迪始终坚持"更低耗能,更少排放"的环保理念。实现领袖风范和社会责任的绝佳平衡,将时代精神与远见卓识共演一炉,为更加美好的明天领航。

课后练习

请登录比亚迪汽车官网：
http://www.bydauto.com.cn/introduce-responsibility.html。
查看比亚迪汽车车型,写出比亚迪 17 款汽车车型：_____
_____
查看比亚迪汽车的责任版块相关内容,写出：
当今世界面临的三大问题：_____
_____
比亚迪的三大梦想：_____
_____

任务 3.8　长城汽车集团

3.8.1　长城汽车的诞生与发展

1984 长城汽车制造厂在河北保定成立。
1991 年 1 月魏建军任长城汽车工业公司总经理。
1991~1994 开始生产长城(Great Wall)轻型客货汽车。连续 4 年产销量翻番,企业迅猛发展。
1996 年 5 月,成为专业皮卡生产企业,生产皮卡并推向市场。
1998 年 2 月,保定长城汽车有限公司率先通过了 ISO 国际质量认证,成为国产皮卡车和河北省汽车行业的第一家。

1998年6月,长城工业公司改制为国有股份制企业。

1999年,以销量及产量计,长城汽车在国内皮卡车市场排名第一,之后产销连年翻番,创下了惊人的增长速度;当年第一万辆皮卡下线,将中国皮卡热销推向了高潮。同年年底在国内同行中首家推出了四种底盘、五种不同规格的皮卡,成为国内品种最多的皮卡专业厂,有力带动了全行业的发展。

2000年开始从事整车配套的汽车零部件生产。年初国有企业华北汽车制造厂,成立"长城华北汽车有限公司"。下半年成立"保定长城内燃机有限公司",引进国际先进技术,生产"长城牌"多点电喷发动机,当年6月份投产,年产能力8万台。

2001年,通过2000版ISO认证,2000版ISO标准是比1994版ISO标准更加严格的标准。长城工业公司不惜注入巨资,高起点建成了国内同行业中规模最大、装备先进的现代化发动机生产基地。在国内首开先河,推出智能化多点电喷发动机,并完成国家严格的标定试验,不仅实现了"身心一体"、自行配套,同时为国内几十家著名重型汽车厂配套。现代化发动机生产基地的建成,标志着长城汽车步入了高速发展的轨道。

3.8.2 长城汽车集团的现状

通过几十年的发展与壮大,当时的长城汽车制造厂已发展成为长城汽车股份有限公司(图3.54),一家大型跨国公司、中国首家在香港H股上市的民营整车汽车企业。下属控股子公司30余家,员工3.3万余人,目前产品涵盖哈弗SUV、腾翼轿车、风骏皮卡三大品类,现拥有50万辆整车产能,具备发动机、前后桥等核心零部件的自主配套能力。长城汽车屡获殊荣,两次入选福布斯中国顶尖企业100榜;连续4年蝉联荣列"中国500最具价值品牌";被评为"最具价值汽车类上市公司""中国汽车上市公司十佳之首""推荐出口品牌""国家汽车整车出口基地企业"。2004年以来,先后入选"民营上市公司十强""中国企业500强""中国机械500强""中国制造500强""中国工业企业500强""中国汽车工业销售收入三十强"等。2010年再次入选"中国汽车工业主营业务收入30强""中国企业500强"。长城汽车经营稳健,基础雄厚,总公司、子公司没有贷款、负债,2010年上半年实现纯利9.07亿元,同比增长77%,销售收入实现91.25亿元。总资产达到174亿元,净资产85亿元,发展潜力获得了国际资本市场的肯定。

图3.54 长城汽车股份有限公司

长城汽车一直在国际、国内两个市场保持领先优势。四款主力车型通过欧盟整车型式认证,这在中国自主品牌中是首家。目前,产品已出口到全球100多个国家和地区,连续多年保持了中国汽车出口数量、出口额第一。哈弗SUV系列已连续7年保持全国销量和出口量第一。腾翼轿车获得高品质的良好口碑,月销破万辆,显现出与合资品牌相抗衡的实力。风骏皮卡已连续12年在全国保持了销量、出口数量、市场保有量第一。

长城立志做优秀中国汽车代表品牌,成为国内精益思想、精益管理的优秀标杆企业。在产能规划上将在保定、天津新增产能150万辆,其中内销占70%。到2015年产能达到200万辆,销量180万辆,实现营业额过千亿,利润过百亿。实现:中国SUV、皮卡全国销量第一,打造轿车品质第一。全球经济型SUV、经济型皮卡第一。

公司下属控股子公司30余家,员工20 000多人,目前拥有4个整车生产基地(主要生产皮卡、SUV、CUV轿车基地年底建成投产),到2007年产能达到40万辆。具备发动机、前后桥等核心零部件自主配套能力。

作为中国汽车民族自主品牌阵营中一支重要的生力军,长城汽车在国内取得了四项第一:

①自1998年来,长城皮卡已连续11年在同行业中保持了市场占有率、产品品种、出口数量、市场保有量等多项第一;

②长城SUV系列连续4年保持全国销量冠军;

③在国际市场,长城汽车成为中国汽车企业出口金额和出口量最大的品牌;

④自主开发的哈弗CUV在中高档民族汽车品牌中销量最大,市场表现最佳。

3.8.3 长城汽车系列车型

长城汽车集团(图3.55)旗下拥有哈弗和长城两个子品牌。拥有车型系列:

轿车:长城精灵、炫丽、酷熊、凌傲、腾翼C30、C50等

SUV:哈弗 哈弗M2、哈弗M1、哈弗H3锐意版、哈弗H3领先版 哈弗H5 哈弗H6等

皮卡:风骏5、风骏3、金迪尔、赛铃MPV、嘉誉等

其他:哈弗·派、房车系列、教练车、行业用车等

图3.55 长城集团

1.长城哈弗汽车

长城哈弗,是长城汽车SUV系列的一款重要轿车车型,是SUV系列的当家花旦,它融合了轿车、MPV和SUV等不同车型的特点,采用了三菱汽车发动机以及和德国博士联合开发的柴油增压发动机,特别是柴油发动机在油耗和动力的表现上都达到了世界水准。现有主打车型:哈弗H6(图3.56)、哈弗H7(图3.57)等。

图 3.56 哈弗 H6

图 3.57 哈弗 H7

2. 长城汽车

长城汽车品牌是长城汽车集团的主品牌,主要以轿车为主。主打车型有:长城精灵、炫丽、酷熊、凌傲、腾翼 C30(图 3.58)、C50(图 3.59)等。

图 3.58 腾翼 C30

图 3.59 C50

20 年的发展,长城经历了从皮卡制造到轿车制造,从产品制造到创新发展,从国内竞争到角逐海外的艰辛历程,成功完成了"皮卡、SUV、轿车"产品三级跳,创造了一个个业界奇迹。

课后练习

请在网上搜集长城企业文化相关资料。
长城汽车集团的成功离不开长城的企业文化,长城汽车的企业文化是什么?

扩展阅读

红旗汽车品牌创业故事

红旗牌轿车的历史始于 1958 年。当年诞生于一汽的我国第一辆国产小轿车并不叫"红旗",叫"东风",因为当时毛泽东主席对世界形势有个著名论断:"东风压倒西风",定牌为 CA71(图 3.60)。

1958 年 8 月,中央急于在建国十周年的庆典上用上国产的高级轿车,向一汽下达了制造国产高级轿车的任务。一汽的工人们以从吉林工业大学借来的一辆 1955 型的克莱斯勒高级轿车为蓝本,根据中国的民族特色进行改进后以手工制成了一辆高级轿车。这辆轿车的动力系统和装备几乎和克莱斯

图 3.60　CA71

勒一样,其实就是把克莱斯勒车完全拆开,对每个零件进行手工测绘,然后自己制造。吉林省委第一书记吴德在全厂万人集会时,正式给轿车命名为"红旗"。9月19日,邓小平、李富春、杨尚昆、蔡畅等中央领导到一汽视察,赞扬了红旗轿车,红旗轿车从此定型。

1959年9月,第一批两辆红旗检阅车送往北京,供国庆10周年阅兵式使用。红旗检阅车庄重典雅,造型光顺谐调,尤具巡洋舰的雄姿,显示了检阅的威武气势。

1959年10月1日,10辆崭新的CA72红旗轿车在首都的国庆庆典上登台亮相,国内外竞相报道了中国第一车的消息。

1960年该车参加莱比锡国际博览会,意大利的汽车权威人士评价说:"'红旗'轿车是中国的'劳斯莱斯'。"至此,"红旗"轿车被列入世界名车品牌。

1964年,国家正式将红旗轿车作为礼宾用车,红旗车也就有了中国第一车的美誉。这种红旗72型两排座轿车共生产了198辆(一说202辆)。

转眼间,时间来到了21世纪。2005年,全新的大红旗HQD概念车(图3.61)亮相,该车的外形很明显借鉴了劳斯莱斯Phantom的造型理念,厚重的C柱与很小的后窗为后座上的VIP提供了极好的个人隐私和侧面碰撞安全性。高耸的车头和醒目的镀铬的散热器隔栅十分醒目。修长的车头有古典豪华车的风韵。在造型方面,散热器隔栅及车身侧面基本与劳斯莱斯一样,而尾部基本保持了老红旗的造型特点。HQD整车采用全手工制造,全铝车身。据说一汽内部此车叫HQE,最早在2008年上市。

图 3.61　红旗 HQD 概念车

2005年于长春车展亮相的红旗HQ3(图3.62)是由一汽与丰田在第四代Majesta平台上联合开发的一款高品质豪华公商务用车。

图3.62　红旗HQ3

由于许多配件与皇冠一样,原来打算在天津一汽与皇冠共线生产以减少生产成本,后被叫停,仍在长春生产,预定于2006年11月上市。

红旗HQ3型号分别为CA7300N及CA7430N,配备V6 3.0(丰田3GR,与天津丰田皇冠的一样)及V8 4.3(丰田3UZ动机,与凌志LS430的一样)发动机,其中CA7430N配备6速手自一体变速箱,静止到100 km/h加速仅需7.3 s。此外,红旗HQ3还装备了夜视系统,夜视系统运作时,车辆前方的行人或障碍物经后视镜上的近红外线摄影机反射,在前风窗下方的显示屏上会显示出虚像,最远能看到车辆前方250 m的距离。

模块 4

汽车艺术

【教学目标】

1. 了解汽车艺术的理念及发展趋势。
2. 了解汽车涂鸦及汽车 LOGO。
3. 掌握汽车改装过程中的相关规定。

【课时计划】

序号	任务内容	参考课时	备注
任务 4.1	汽车涂鸦	1	
任务 4.2	汽车改装	1	
任务 4.3	汽车音乐	1	
任务 4.4	我的汽车 LOGO	1	

> **情境导入**
>
> 如果你有一辆 1977 年出厂的法拉利 308 GTB,你会将这名贵的老爷车藏进自己的博物馆还是让它继续担当你的交通工具呢?德克萨斯州 48 岁的巴特尔可没有这样做,他将自己的车变没了。当然,这并不是说那辆法拉利消失无踪,而是说,它变成了一条鲨鱼,起码在视觉外形上是这样。巴特尔的法拉利现在完全变了一个模样,车身经过烤漆喷绘,呈现出一条鲨鱼扭动的身躯,在汽车的前部,一个加上去的大嘴露出了白森森的巨牙,汽车前灯被巧妙地改造成了鲨鱼的两只眼睛,在汽车尾部,一个上翘的尾巴可以微微地摆动。除了在公路上无法展现它的速度优势以外,从外形上看确实够酷了。

任务 4.1 汽车涂鸦

4.1.1 汽车涂鸦艺术发展史及艺术分类

汽车的外观无疑相当于车的衣服,不能忍受总穿同一件衣服,所以终究会更换,无论车的原厂提供配色多么丰富,走在街上还是会频频撞衫。如若不想伤筋动骨地改装,可以尝试汽车涂鸦,汽车涂鸦会让车辆焕然一新,有一份全新的感觉,如图 4.1 所示。

以下是汽车涂鸦发展中产生的几个派系。

1."拉斐尔派"

作为学院经典的代表,讲究尊重古希腊的均衡、庄严、恢弘的审美原则,如图 4.2 所示。从两侧看,汽车并非对称。在这样的基底上均衡构图,难度显而易见。但真有高人,在 A 柱和 C 柱之间画了一幅溪边少女沐浴的图画,车身的自然流线充当溪水的线条。晨曦微晞,柔和的乳白色光影投在娴雅安静的脸上。多遍油漆和清漆的共同作用,使层次感和质感无与伦比,颇有经典名画《泉》的神韵。

图 4.1 汽车涂鸦

图 4.2 古希腊风格

在油画界,学院派的重要工作就是宗教题材的"圣像画"。被东正教大牧首视为"圣徒"的鲁勃廖夫就是其中的杰出代表,但还没有哪位斗胆把耶稣和圣母画在汽车上,所以,彩绘界的"鲁勃廖夫派"尚未诞生。

2."莫奈派"

作为印象派的开山鼻祖,莫奈画作的受欢迎的广泛程度甚至超过凡·高。莫奈派对风光和动植物情有独钟(参考名画《狂风中的橡树》)。在白色车身上勾画白雪皑皑的北极风光，车顶上绚丽的极光闪烁，前中网被划分成几个部分，伪装成北极兔的巢穴入口；前机盖上趴着银狐，守洞待兔；而侧面车窗则被描绘成漂着冰块的海洋。但这一切景物并非照片一样的写实，该派最擅长描绘烈日下光影斑驳的情形，机动车违章查询。

在近处看，只觉得堆叠的色彩块浓得化不开，如同"雪豹突击队"的迷彩服一样，只有撤出一定距离，才可欣赏。

莫奈派(或称印象派)虽然被拉斐尔派认为离经叛道，但和后面的几类比起来，已经循规蹈矩得如同神学院的修士。

3. HIP-HOP派

外国的汽车涂鸦总是充满重金属风格，这只是其中一种。与蓝调爵士乐一样，低调忧伤的抒情风格也出自外国艺术家之手。

4. ACG派

ACG派，即动漫电玩派，拥趸众多，以日本的动漫影响力最强，几乎所有的动漫形象都有人愿意绘到车上去。《森林大帝》和《铁臂阿童木》是"70后"最早的动漫记忆，虽然年代久远，过世的手家治虫仍被膜拜成"漫画之神"。在他身后，谏访道彦、鸟山明、宫崎俊也可称为大师。名侦探柯南、龙猫、金鱼公主、少女海吉、七龙珠、圣斗士这些动漫形象，童年记忆最值得缅怀，这些可爱的卡通形象以汽车为载体重新陪伴我们的生活。

4.1.2 汽车涂鸦基本理念

汽车涂鸦，可以体现出车主自己的个性；使自己的车更加拉风和与众不同；也可以随时更换，使自己的爱车走在潮流的尖端。

注意事项：每年的年审必须恢复原状，否则无法通过审车。

4.1.3 汽车涂鸦的发展空间

汽车涂鸦，受到政策的限制，为了行车的安全，政策对车身涂鸦有限制；喜欢把自己的爱车涂鸦的人也不多，可以看到，在路面上奔跑的汽车，车身涂成个性图案的人并不多；涂鸦主要是一些中低档车，为这些车辆涂鸦，收费也不高。

此外，汽车涂鸦店还存在选址的问题，不宜开在汽车美容店集中的地段。此外，光靠汽车涂鸦服务，收益来源就过于狭窄，这种店更适宜作为汽车美容店的一种配套服务来做，即使是作为主营业务，也需要销售一些汽车的周边产品，开拓多个盈利渠道。

汽车涂鸦作为汽车美容的一种延申服务，充分体现了驾驶者的个性与爱好，汽车也不仅仅作为一种交通工具而是一件艺术品。

课后练习

1. 在车身上画些图形，属于违章吗？
2. 中国对私家车汽车涂鸦有何规定？
3. 中国都举行了哪些关于汽车涂鸦的比赛？

任务 4.2　汽车改装

4.2.1　汽车改装类型

简单来说,汽车改装可以划分为外观改装、内饰改装、动力改装、操控性改装与音响改装。一辆车的改装结果代表了车主的品位以及他对驾驶的看法。如图 4.3 所示,当人类生活进入了 e 时代,汽车改装还增加了一项新内容:智能。不过在众多改装项目中,最令人心动的就是机械改装,它把车主的想象力和汽车有待开发的无穷潜力完美地结合在了一起。汽车的主要机械结构大致可分成:车身、内装配备、引擎动力、变速箱传动、悬挂、刹车及电子控制系统。这中间如果有任何一项做了修改,马上会感受到汽车本身受到的影响与改变。

4S 店在销售新车是也会推荐各种改装套餐。一般来说 4S 店推荐的改装套餐,是在法律允许的范围内的外观或者内饰的改装,可以正常上路。但有时我们自己的改装未必是在法律允许的范围内。

图 4.3　改装车

4.2.2　改装内饰法规

公安部 2008 年 10 月修订的《机动车登记规定》对机动车改装有所"松绑",让广大车主有了更多张扬个性的空间。汽车 4S 店也在法规允许情况下,热衷将各种改装方案推介给客户,一般改装套件的报价在 5 000 元到 5 万元不等,能让很多车主接受,这也成为车市司空见惯的情景。

专门与奥迪 4S 店合作改装的广州润华汽车改装公司负责人李荣华告诉记者:目前该公司与 4S 店合作的改装套装,主要是"如尾翼、大包围等小改动"。拿奥迪来说,专业改装公司与 4S 店合作的产品,就比原厂的 S-line 等运动改装包便宜一半以上,价格让消费者容易接受。李荣华说,近年有不少车主出于安全角度提出改装需求,"如换个排气管,使爱车散热更好;增加金属材质的油门踏板,增加脚踏感等"。这些小改动,均不触及法规,可以正常上路驾驶。

自 2008 年 10 月 1 日开始实施的《机动车登记规定》,有三种情况的改装不需办理变更登记:

①小型、微型载客汽车加装前后防撞装置。

②货运机动车加装防风罩、水箱、工具箱、备胎架等。

③增加机动车车内装饰。其中消费者热衷的内饰改装,大多在合法范围内。但车身颜色、更换发动机的、更换车身或者车架的,需在变更后 10 日内向车管所办理变更登记。

有两种改装行为将不被允许。一种是改变机动车的品牌、型号和发动机型号;第二种是改变已登记的机动车外形和有关技术数据。违法改装上路的车辆,不仅没法通过年审,而且会随时被交警抓个现形,扣车处罚。

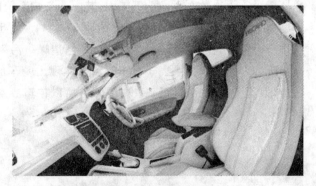

图 4.4　改装安全

(1)性能改装案例

以提高车辆的安全性为出发点进行轻度改装,有利无害。如图4.4所示,如原厂雨刮清洁能力不强,轮胎和制动系统安全性不够高,换上性能更好的零件。通过改装来弥补原厂车安全性不足的地方,是理性的改装。

(2)安全改装案例

改装需求:仅限外观,不改动力,让车安全一些。

改装方案:由于原车原配很多零部件与普通车型没有区别,如排气管、油门踏板等,不仅没有特色,更无法凸显高端小车的性能品质。如图4.5所示,广州润华汽车的李荣华做出如下建议:

图4.5 改装车

①大包围+尾翼:不想让爱车面目全非,最适合的是在前护杠位置加装大包围,车尾适当更换后唇和尾翼。改装后进气格栅比原车增大,霸气十足。

安全加分:简单的改装可以减少气流对行驶产生的阻力,降低风阻系数,车辆在高速行驶时更加平稳,改善原车散热功能。

②排气管:A3原车排气管中规中矩,且声音沉静。改装成采用M鼓的排气管后,增强了原车的运动气息,声浪清脆。

安全加分:从安全角度上,能有效避免共振,减少了共振声音过大对驾驶者造成的疲劳感。

③轮毂:A3基本款车型原车轮毂为15英寸,可改装升级为与豪华配置版一样的17英寸轮毂。

安全加分:配合大胎,可使车辆对路面的抓地力更好,稳定性提高。

④油门踏板:原车油门踏板与普通车型没区别,可以更换专车专用的金属油门踏板。

安全加分:别小看油门踏板,更换后可以增强脚部踩踏感及控制效果。

4.2.3 "合法"改装的雷区

雷区1　车身颜色改装并非随心所欲

可以改变车身颜色,不意味着可以随心所欲地上色。机动车喷涂、粘贴标识或者车身广告,"不得影响安全驾驶"是一条硬性规定。按照规定,车身不能超过三种主要颜色。允许图案存在,但不得存在广告内容。车身颜色不能与公交车、出租车等公用车相同,还有火警专用的红色、工程车专用的橘黄色、警车专用的蓝白色、特种车辆专用的迷彩等颜色禁止使用。

雷区2　改装音响应避免噪声污染

不少车主喜欢在内饰上下工夫,其中在音响系统的改装方面,目前尚无明确的标准和限制。建议不要为了追求酷炫的效果,大幅改动原车线路,易导致车辆自燃。加装音响应在专业的改装店或4S店进行。同时,在享受音响的同时,避免制造噪声污染,影响他人。

现如今很多车主热衷于汽车改装以体现出爱车的与众不同,但很多人却不了解汽车改装的法律法规,以至于改装完成后违反交通法规,所以在塑造爱车的同时也要了解汽车在路上行驶的要求。

课后练习

1. 改装车禁忌有哪些？
2. 与汽车装饰、改装相关的必备法律常识有哪些？
3. 汽车外观的装饰或保护措施有哪些？

任务4.3 汽车音乐

4.3.1 汽车音乐定义

汽车驶入音乐的最直接方式就是歌词，汽车本就是我们日常生活中无处不在的交通工具，而歌曲也是在描绘生活，只是汽车的出现让这种描绘更加生动，更富于想象力。如图4.7所示，汽车在歌曲中最著名的一次出镜就是那首脍炙人口的《Hotel California（加州旅店）》了，英文歌曲的fans用了以下词汇形容这首歌：空前绝后的超级、超超级、世界顶级、钻石级金曲，本世纪最著名的流行音乐作品。

什么是汽车音乐？这个问题似乎没有一个标准答案。随着汽车市场的高歌猛进，喜欢在汽车上听音乐的人群也越来越多。无论是在繁华的都市道路，还是在宽阔的田野乡间，一边开着车，一边听着音乐，感受一种美妙的幸福和快乐，是车族最热爱的生活方式，如图4.8所示。

图4.6 汽车音乐演绎

著名乐评人王晓峰说："汽车音乐实际上应该属于概念音乐的范畴，它并不是音乐的一种类型。在汽车音乐的选择标准上，国内的车族更趋向于自己对音乐的喜好。汽车音乐应该是对现有音乐的一种整合。"

然而，也有不同意这种"汽车音乐是对现有音乐整合"看法的一派。在音乐界素有"先锋乐派音乐鬼才"之称的曲世聪说："汽车音乐的创作与普通音乐创作有所区别。真正的汽车音乐应该有无可替代的特性。"

4.3.2 汽车音乐的分类

汽车音乐作为汽车文化的重要组成部分，在国外已发展成为具有特殊风格的音乐种类，成为音乐大家庭中重要的一员。在国外的音像店里，汽车音乐发烧友来到专门的橱窗前选择经典的汽车音乐唱片，是再正常不过的事情了。

国外汽车音乐大概主要分为三个类别：节奏劲爆、适合飞速疾驰的美国风格；轻柔动听、适合乡间小路的英国风格；静谧悠远、适合夜晚的北欧风格。

英国交通安全专家专门做了一项调查。调查显示,目前有90%的驾车者喜欢边驾车边欣赏音乐。英国驾车人协会在专家的帮助下,专门设计了"驾车音乐"盒带,大多是节奏舒缓、旋律轻松的老歌,如由美国乡村歌手JohnDenver演唱的著名的《Takemehome,countryroads》,由英国女皇乐队演奏的旋律优美的世界名曲《波西尼亚浪漫曲》等。这些音乐除了能解除驾车人行车时的寂寞外,还能帮助他们克服紧张和急躁,因而有可能降低车祸的发生率。

严格来说,在我国汽车音乐的流行,不到十年时间。十年前,极少的汽车,极少的磁带音乐,组成了极为可怜的汽车音乐。尽管如此,那可怜的汽车音乐就是一只蝴蝶,扇动了十年后的汽车音乐风暴。今天,国内大量销售汽车音乐"天碟""发烧碟"一类的CD。五花八门的汽车音乐网站,提供着海量的歌曲下载,论坛里挤满了汽车音乐爱好者。越来越多的驾驶者体验与音乐同行的非凡乐趣,他们一边听歌,一边开车,享受那份来之不易的舒畅,在歌声中驾车寻找快乐与幸福。不论是布鲁斯还是爵士乐,不论是迷幻摇滚还是高科技舞曲。

1. 车商搅动的波澜

"汽车音乐"这个词经常被车族们提及,也走进了乐曲创作者的生活,有许多音乐人正在探索这片市场。最热心推动汽车音乐的当属各大汽车制造商,他们烧着大把的钱,搅动起汽车音乐的波澜。

2009年,林绫因为演唱了为马自达5汽车广告狗狗篇创作的日文主题曲《真爱的旅行》,在网络上爆红。广告上档不久就有超过11万人上网搜寻浏览,主题歌一年多来也在手机铃声排行榜上居高不下,许多网友更是合力在网络上找出幕后配唱人的真面目。

其实,汽车制造商结缘中国的汽车音乐可以追溯到更早的年份。

2002年,代表阳光、健康、时尚、活力形象的人气组合羽·泉为赛欧SRV天窗版谱写了《旅程》,这是国内第一首为汽车品牌度身打造的主题歌曲。歌词的灵感来自一个由赛欧车主自发组成的快乐团体"赛盟",表达出人与车、人与人之间的真挚感情。"你有没有想到和我/深夜在寂寞的人海/变成了朋友/一直走到现在/期待纯真的笑/由衷的泪水和爱/我们一起寻找/梦中的未来。"无论是舒缓而有旋律的节奏还是细腻准确的歌词,与那个年代的私家车主的驾车心情丝丝入扣。

2003年,新威驰上市时精心策划了一次轰轰烈烈的汽车音乐文化秀,歌手朴树的曲风带着一种淡淡的忧郁,直透聆听者心灵的最深处。这首广告主题歌曲作为朴树当年个人专辑《生如夏花》的投石问路之作,大获成功。

2004年第九代丰田花冠在中国生产,一向喜爱音乐营销的丰田用一首由周华健演唱的《全世界的爱》征服了众多音乐迷。时至今天,汽车音乐已经不再是流行歌曲的天下。

2009年7月,由奥迪汽车公司出资打造的一部雄浑顿挫又让人眼花缭乱的汽车交响乐在上海首演。这是由德国多媒体艺术家组成的Bauhouse乐队,历时3年,深入了解奥迪汽车的制造过程,凭借对视觉艺术、电子乐和古典音乐上的造诣,创作出了一部震撼视听的作品《AudiSinfonie》。观众从中感受到了古典与现代、科技与艺术的交融。

正是由于汽车制造商凭借雄厚资金实力,精心打造汽车音乐。如今,汽车音乐如同一块在引擎上嗞嗞作响的牛排,散发出诱人的香味。

2. 草根串烧的"冰河"

相比大资本联袂大明星打造汽车音乐,起于平民社会,兴于平民阶层的"草根汽车音乐",更有市场。2010年的北京国际汽车展览会上,音乐人及乐迷服务平台MySpace聚友网与新浪汽车频道联合推出"如乐随行"汽车音乐征集活动,旨在吸引"草根汽车音乐人"繁荣汽车音乐创作。

草根汽车音乐人聚集在DJ的大旗下,什么歌曲走红流行,他们就打碟什么,制造出一盘盘令车族乐此不疲的汽车音乐快餐。被车友听得耳朵起茧的冰河时代1至5辑就是他们中的代表作。《冰河时代》DJ,这个2006年制作的24分半的DJ串烧舞曲,当它经由网络传播,立刻风靡,被无数年轻汽车音乐爱好者从网络下载,自己刻录,与人分享。到后来,《冰河时代》已不再是某个个人或小小音乐创作班子的音乐制品,许多无名无姓的DJ音乐制作人都把自己的曲目,冠上"冰河时代"。"冰河时代"的含义,也有了广义的延伸。它推动舞曲文化,传播全新汽车DJ音乐概念。

相信你一定在车上听过经由专业DJ之手将多种音乐元素完美融合,节奏、旋律及情绪等完全不同的音乐被天衣无缝连接起来的DJ舞曲。火热电子舞曲与顶级音乐录音技术的完美结合,让你仿佛置身于一场顶级派对,前卫的话题、满墙五颜六色的涂鸦、疯狂的迪士高音乐厅。特别是那些为车内空间狭小以及汽车音响的特点量身定做的DJ音乐,迷倒了众多的DJ爱好者。然而,你不要忘记它的"草根本色",眼下最流行的《风舞九天》DJ,就是江西一家不起眼的小酒吧的名称。

许多冠以"某某汽车音乐工作室"的DJ制造者,散布在各个城市的各个角落,他们自创自刻光盘,通过一些汽车CD商店和维修店卖给各种喜欢廉价CD的车主。

3．平台变革的"天籁"

当节奏凌驾于一切之上,甚至高于歌曲本身的DJ大行车道时,我们关注到汽车音乐的载体和平台。可以说,没有音响技术的突飞猛进,就没有今天的汽车音乐。

自从半导体收音机上世纪五六十年代出现在汽车上时,汽车音响装置一直到上世纪90年代才被卡式磁带播放机取代。这是早期汽车一次重要的车载娱乐配置变革。人们不再指望电台播放自己喜欢的音乐,而有了"我的车我做主"的感觉。五六年前,当大多数汽车的音响设备还停留在原始卡带机系统的年代,能够在车上安装一台CD播放机,已经是一件很奢侈的事情了。而现在,CD机已经成为各款轿车的标准配置。

科技的进步总是以突变的方式突然为我们打开一扇又一扇音乐梦想大门。现在,市面上已经有各种供轿车专用的高级音响设备。各大汽车厂家也为自己的旗舰车型安装上了一些顶级的音响设备,把车厢内狭小的空间变成了令人愉快的音乐欣赏室,予人以美的享受。

最普及的音乐储存媒体CD,也因为数字音乐的普及,逐渐被体积小、可携式、存储量大的MP3播放器取代。目前汽车音响兴起内建USB插槽来与MP3播放器结合的风潮,相信USB插槽的接口将是日后汽车音响不可或缺的基本配备。

汽车音响技术的变革,正如"天籁之音"频频传来,助推着汽车音乐向前狂奔,让我们在汽车上被"天籁之音"包围。汽车音乐的大繁荣时代,正在到来。

课后练习

1．国外汽车音乐分哪些类型?
2．汽车音响的种类有哪些?
3．汽车音频的格式有哪两种?

任务4.4 我的汽车LOGO

4.4.1 世界著名汽车logo(标志)及简介

斯柯达Rapid马上就要来了！如图4.7所示,关于这款车的好消息不断,而其中最让我感到新奇的是斯柯达Rapid全新金属质感的Logo的设计。其实百年斯柯达的Logo也经历了一个长期的演变史,才得以呈现出今天我们看到的式样造型。和许多知名汽车品牌一样,斯柯达作为全球最古老的汽车品牌之一,从它Logo的演变史中,我们多少也发现了斯柯达品牌非常独特的魅力所在。今天和大家一起聊一聊关于汽车logo的知识,也让大家对汽车品牌有更加深入的了解。

图4.7 斯柯达汽车

1. Gumpert(甘普特)

Gumpert跑车厂商,Audi原厂的御用改装车,是MTM集团(Motoren Technik Mayer)的主力之一。如图4.8所示,原本全名为GMG Sportwagen Manufaktur,背后的MTM集团(Motoren Technik Mayer)与Audi原厂关系一直相当密切,从1985年开始Audi旗下便有不少概念车款或甚至赛车,都是由原厂性能改装部门与MTM合作开发而成,后来也陆续开发包括Audi S2、S3与S4、RS4的升级套件与改装部品;MTM同时也提供包括DTM房车赛Audi厂队的技术与赛事等支持。

图4.8 Gumpert

图4.9 卡尔森

2. 卡尔森

卡尔森汽车始建于1989年,是一家拥有独立品牌的汽车生产公司。卡尔森拥有最纯正的德国血统,致力于专业设计并制造高端整车,打造卡尔森汽车浓郁的贵族品牌特质。如图4.9所示。卡尔森是奔驰汽车四大改装品牌之一,从卡尔森的角度来说,同时奔驰也是卡尔森的供货商,以奔驰的原型车为主,通过个性化的改装,打造成为卡尔森汽车的一种独特文化,探寻个性化需求,来赢得小众、细分市场。

3. Zenvo

Zenvo是丹麦的一个公司,以纯手工打造超级跑车而出名。从诞生之日起就只有一个目标,就是制造一辆独一无二的手工超跑。原型车项目从2004年开始启动,现在原型车已经制造完成并且已经处于最后的测试阶段中。如图 4.10 所示,2009 年 Zenvo 将会开始量产 ST1 系列。这将是一辆极其稀有的限量版车,Zenvo 只会生产 15 辆并且出售给经核准具有购买资格的顾客。

图 4.10 Zenvo

图 4.11 SVS

4. SVS

SVS——Spada Vetture Sport 是由 Spadaconcept 创建公司,这家公司的核心团队(作为 Spadaconcept)是保罗·斯帕达(Ercole 父亲,智能和本田的前设计师)(前首席设计师,在 Zagato 车型,和宝马)和周围形成。如图 4.11 所示,已推出的知名超级跑车 spada codatronca TS。

5. 蓝旗亚

蓝旗亚也译成蓝西亚(LANCIA),是菲亚特集团旗下的品牌之一,以生产豪华蓝西亚汽车轿车为主。如图 4.12 所示,虽然目前蓝旗亚汽车在中国并不多见,但作为意大利一个历史悠久的著名品牌,它在世界豪华车市场占有重要的一席之地。蓝旗亚是个赫赫有名的响亮招牌,其品牌超过 60 年的历史。在欧洲,它也是非常少见的高档汽车品牌,是菲亚特高档轿车的烫金标志。

6. 光冈汽车

建于 1968 年,主要是在日本市场销售欧美高级汽车,包括新车和二手车。旗下的五十多家销售店遍布日本各大主要城市。为了进一步满足客户的需要,并融合其在销售高级汽车的丰富经验,光冈汽车于 1987 年开始从事 Coach Builder Car(改装车)业务。如图 4.13 所示,1996 年,光冈汽车发表了第一辆由自己开发的小 Galue 型跑车(ZERO-ONE)。"光冈汽车"是继 1963 年的本田汽车公司后,时隔 33 年由日本国土正式认定的正式汽车生产厂家,受到日本汽车业界的瞩目。

图 4.12 蓝旗亚

图 4.13 光冈汽车

课后练习

1. 奥迪轿车的标志代表着合并前的哪四家公司？
2. 收集沃尔沃汽车车标的由来及其寓意。
3. 收集你喜欢的汽车LOGO并阐述喜欢的原因。

扩展阅读

世界著名车展鉴赏

1. 法兰克福车展——博大

创办于1897年，是世界最早办国际车展的地方，也是世界规模最大的车展，有世界汽车工业"奥运会"之称。如图4.14所示。展览时间一般在9月中旬，每2年举办一次，展出的车辆主要有轿车、跑车、商务车、特种车、改装车及汽车零部件等，此外，为配合车展，德国还举行不同规模的老爷车展览。

这个车展上，各种品牌新车很多，参观者挑选车型重视的是科技状态的发展、汽配零部件质量，甚至是DIY维修问题、售后市场产品，理性实用的成分居多。

图4.14 法兰克福车展

2. 巴黎国际汽车展——优雅

享誉全球的巴黎国际汽车展，如图4.15所示，自1898年创办以来，直至1976年每年一届，以后每两年一届。是世界第二大汽车展；巴黎车展的展览时间一般在9、10月间，每2年举办一次，展览时间与德国法兰克福车展交替举办，展览地点位于巴黎市区，共有8个展馆，展出的车辆主要有轿车、跑车、商用车、特种车、改装车、古董车、电动车及汽车零部件等。

图 4.15　巴黎国际汽车展

3. 日内瓦车展——奢华

创办于 1924 年，是欧洲唯一每年度举办的大型车展。每年 3 月份举行，是各大汽车商首次推出新产品的最主要的展出平台，素有"国际汽车潮流风向标"之称。如图 4.16 所示，日内瓦车展在展览面积 7 万多平方米的室内展馆举行，面积虽然不大，却是生产豪华轿车的世界著名汽车生产厂家的必争之地。日内瓦车展不仅档次高、水准高，更重要的是车展很公平，没有任何歧视。一般的国际车展虽然名为"国际"，但在展馆的面积、配套设施的水准上都会向东道国倾斜，东道国的汽车厂商往往会占去 1~2 个展馆。但唯独在日内瓦车展上，人们看不到这种特别的"眷顾"。

图 4.16　日内瓦车展

4. 北美车展——妖娆

创办于 1907 年，起先叫"底特律车展"，是世界最早的汽车展览之一，1989 年更名为"北美国际汽车展"。如图 4.17 所示。拉开每年车展序幕的是北美车展，时间固定在 1 月 5 日左右开始，举办地在美国的汽车之城——底特律。展览面积约 8 万 m^2 左右，会议室、会谈室近百个。车展每年为底特律带来了可观的经济收益，年平均在 4 亿美元以上。

近年来，概念车在北美车展上所占的比例越来越高，几乎全球所有的汽车公司都会利用这个平台推出自己的概念车，各种新奇的设计，各种你所能想到的，甚至是想不到的创新理念，在底特律车展上你都能看见，因此难免给人离奇、古怪的感觉。由于概念车体现的是厂家的设计能力和创新意识，而不是量化生产的能力，因此概念车就成了体现厂家理念和意识的"风向标"，北美车展也就因而成了各大厂商"斗法"的主要舞台。

图 4.17　北美车展

5. 东京车展——细腻

东京车展是世界五大车展中历史最短的,创办于 1954 年,逢单数年秋季举办轿车展,双数年为商用车展,是亚洲最大的国际车展,历来是日本本土生产的各种千姿百态的小型汽车唱主角的舞台。如图 4.18 所示。

本车展的特点之一是车型极其多,多得让人无法记住,几乎什么稀奇古怪的车型都有,但又不是概念车,而且以小车型居多。车型种类的繁多,恰恰体现了日本人的细腻所在。

图 4.18　东京车展

模块 5

汽车展览

【教学目标】

1. 了解世界各大车展的概况、主题和特色。
2. 理解汽车车展对汽车工业发展的重要意义。
3. 能使用网络查寻中国其他地区和城市举办的车展。

【课时计划】

序号	任务内容	参考课时	备注
任务 5.1	美国底特律车展	1	
任务 5.2	德国法兰克福车展	1	
任务 5.3	法国巴黎车展	1	
任务 5.4	瑞士日内瓦车展	1	
任务 5.5	日本东京车展	1	
任务 5.6	中国上海车展	1	
机动		1	

> 情境导入
>
> 几乎在各大汽车网站,我们都可以看到"国际汽车展览"这个词。国际汽车展览是国际汽车制造商的集体实力秀,也是刺激眼球的最好形式。被公认的国际车展共有"五大"车展。本模块将介绍国际"五大车展"的起源、发展现状以及中国著名汽车展览。

任务 5.1　美国底特律车展

5.1.1　底特律车展的起源

北美车展(North American International Auto Show,NAIAS)创办于1907年,起先叫做"底特律车展",是世界最早的汽车展览之一,1989年更名为"北美国际汽车展",是个每年一月举办的国际性汽车展览,其前身是原美国底特律(图5.1)汽车展览会,是美国创办历史最长的车展之一,由底特律汽车经销商协会主办。

图 5.1　美国底特律

5.2.2　底特律车展的发展及现状

1. 发展初期

1900年11月,纽约美国汽车俱乐部召开了第一届世界汽车博览会,1907年转迁到底特律汽车城,当时会场设在贝乐斯啤酒花园(Beller's Beer Garden),小小的展示区中参加的厂商只有17家,车辆不过33辆。接下来除了1943年至1952年停办,其余时间每年都会举办一次。以往称呼为底特律汽车展览(Detroit Auto Show)。1957年,欧洲车厂终于远渡重洋而来,首次出现了沃尔沃、奔驰、保时捷的身影,获得了美国民众的高度重视,底特律车展的"王旗"正式树起。从1965年起,展览移师

Cobo 会议展览中心(图 5.2),该展馆具有 9.3 万 m^2 的面积,可容纳更多展位。1989 年底特律车展更名为北美国际汽车展,北美车展每年总能出现四五十辆新车。这个车展对底特律乃至整个美国的汽车工业来说是非常重要的,因为美国三大汽车制造商福特、通用与克莱斯勒的营运总部都位于底特律。

图 5.2 底特律的寇博中心

2. 概念车的崛起

近年来,概念车在北美车展上所占的比例越来越高,每年都有 40 多家汽车厂商、700 多辆新款概念车和生产车参加展览,是全球汽车工业的一个重要展示窗口。几乎全球所有的汽车公司都会利用这个平台推出自己的概念车,各种新奇的设计、各种你所能想到的,甚至是想不到的创新理念,在底特律车展上你都能看见。

由于概念车体现的是厂家的设计能力和创新意识,而不是量化生产的能力,因此概念车就成了体现厂家理念和意识的"风向标",北美车展也就因而成了个大厂商"斗法"的主要舞台。如:MINI JCW 概念车(图 5.3)、玛莎拉蒂概念车(图 5.4)、斯巴鲁 VIZIV-2(图 5.5)、布嘉迪威航(图 5.6)。

图 5.3 MINI JCW 概念车

图 5.4 玛莎拉蒂概念车

在北美车展,观众被吸引到车展的原因,除了对汽车有兴趣外,还因为车展办得像节假日集会,吃喝玩乐加音乐灯光,热闹非凡。近年来,每次车展都能为密歇根州进账 5 000 万美元以上。同时,2014 年北美国际汽车展在美国"汽车之都"底特律拉开帷幕,全球各大汽车厂商纷纷推出最新产品和技术逐鹿车展。

图 5.5　斯巴鲁 VIZIV-2

图 5.6　布嘉迪威航

3. 车展中各厂家的风采

在刚刚过去的 2013 年,美国本土市场汽车销量达 1 560 万辆,创下金融危机以来新高。北美国际汽车展成为各大厂商较力的场所,在为期两天的媒体开放日里各大厂商将集中展示 50 多款新车。

素来在混合动力车方面领先的日本丰田汽车一反常态,并没有展示新能源方面的车型,而是推出了一款 FT1 概念车(图 5.6),意思是未来丰田。这款运动型汽车设计上吸引眼球,车身富于动感。

美国通用汽车旗下的雪佛兰推出了跑车"2015 Corvette Z06"(图 5.7),配备 6.2 升 V8 发动机、8 速自动变速器,更大的发动机喷口增强了汽车的制动性。

图 5.6　FT1 概念车

图 5.7　Z06

克莱斯勒集团公司推出 2015 款"克莱斯勒 200"轿车,这是一款中型车,燃效高,外形设计美观。由于该公司被意大利菲亚特集团收购,这款车还吸收了菲亚特的设计风格。

德国的梅赛德斯-奔驰在今年的车展上推出了新 C 系列。这款豪华车的前车玻璃上安装了两个摄像机,可以有效避免汽车与前车或相邻车道汽车发生碰撞,驾驶起来更为舒心。

位于美国旧金山的阿利森公司行业分析师马库斯·加莫说,纵观此次参展情况,各大车商更加注重驾驶的舒适性和动力的强劲,这反映了各大厂商的一个预期,即油价已不再是美国消费者和各大厂商关注的重点。

通过本节课的学习,我们知道了北美著名车展——底特律国际车展的起源、发展及现状,也了解到了在刚刚过去的 2013 年底特律车展上,展车的一些亮点车型及概念整车。2014 年底特律国际车展仍在继续,在这一届车展上有哪些亮点呢?在课下的时间,同学们还应通过网络查询相关资料,拓宽知识面。

课后练习

请通过网络查询相关信息,完成以下练习。

1. 底特律车展 2014 年的举办时间。
2. 底特律车展 2014 年参展的汽车生产商有哪些?(至少写出 10 个)
3. 底特律车展的举办场馆有哪些?
4. 1957 年的底特律车展出现了欧洲的哪些汽车厂商?

任务5.2　德国法兰克福车展

5.2.1　法兰克福车展的起源

法兰克福车展(图 5.8)创办于 1897 年,其前身是"柏林车展",1951 年移到法兰克福举办,每年一届,轿车和商用车轮换展出,是世界最早办国际车展的地方,也是世界规模最大的车展,有世界汽车工业"奥运会"之称。

图 5.8　法兰克福车展

每两年举办一次的法兰克福国际车展一般安排在 9 月中旬开展,为期两周左右。参展的商家主要来自欧洲、美国和日本,尤其以欧洲汽车商居多。法兰克福地处德国,主要车企自然是德国企业,地域色彩很强,这似乎与底特律车展、东京车展的地域性如出一辙。德国是现代汽车的发源地,是奔驰公司、大众公司、奥迪公司、宝马公司等老牌公司起源地,法兰克福车展正是他们展示自身的好平台。如 2011 年的奥迪馆(图 5.9)、宝马馆(图 5.10)、奔驰馆(图 5.11)等独立展馆。

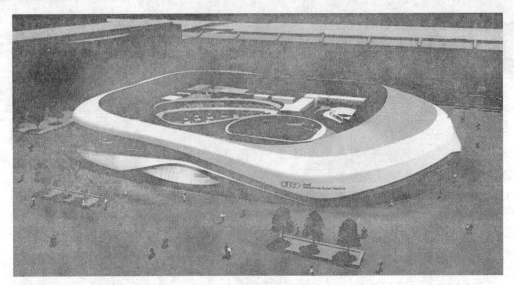

图 5.9　奥迪馆

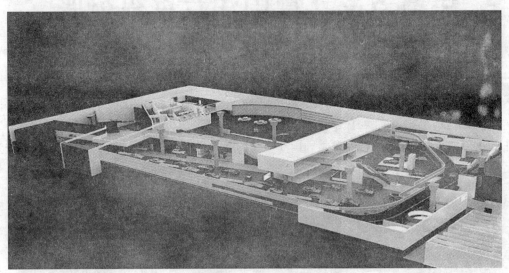

图 5.10　宝马馆

图 5.11　奔驰馆

5.2.2 法兰克福车展的发展

1. 发展初期

1897年于德国柏林的Bristol旅馆举办了一个小规模车展,尽管当时只有八辆汽车参展,但其依然被喻为法兰克福车展的前身。在1911年之前,类似的展会每年都会举办一次。通过这样的展览,Internationale Automobil AuSSTellung开始打造出知名度,并渐渐演变成德国汽车界的一大盛事,同时也开始为世界汽车厂商所关注。然而在第一次世界大战之后,IAA不得不停止举办,直到1921年才再度于柏林举办,与会共有67家车展,展出一百多辆汽车,以当时的规模来说,已是空前绝后。

2. 二战后的发展期

1939年IAA在第二次世界大战开战前最后一次举办车展,第二十九届展览吸引了825 000参观人次,同时,大众汽车也在这一次展览中首度亮相,那一辆车就是在世界车坛占有重要地位的甲壳虫(图5.12)。1951年德国法兰克福首度举办车展,1951年4月,位于法兰克福的展览会场总共吸引了570 000人前来观赏。相较之后同年9月在柏林举办的第三十五届IAA车展,只吸引了290 000人。因为这样,IAA决定将放弃一直在柏林举办的传统,转移阵地至法兰克福,从此以后,德国法兰克福车展便成为一年一度的车坛盛事。

图5.12 甲壳虫汽车

3. 车展完善期

法兰克福车展经过一百多年的发展与完善,现已成为当之无愧的世界著名汽车展览。在世界各大车展中,它具有鲜明的特点。他有很强的地域色彩,可能因为是名车发源的老家,靠近各大车商总部,看法兰克福车展的欧洲老百姓不但拖家带口、人山人海,而且消费心理非常成熟,汽车知识了解得很全面。车展上,各种品牌新车很多,参展者挑选车型重视的是科技状态的发展、汽配零部件质量,甚至是DIY维修问题、售后市场产品,理性实用的成分居多。不仅如此,法兰克福车展还富有"专业精神",像入选前年车展两大"最高创新奖"的产品都是汽车零部件。与国内展览相比,展商们更易节省设备市场费用、运输时间和费用,所以运用的高科技手段也比较多,但成本也更高,因为要使用大型互动媒体演示、模拟驾驶、亲身体验等。

本任务详细地讲解了法兰克福车展的起源及发展。同时,近几年法兰克福车展的规模也在不断地壮大,出现了很多亮点。通过网络查询相关资料,完成课后拓展练习,拓宽知识面。

课后练习

请通过网络查询的方式,完成以下练习。
1. 法兰克福车展都在哪些展馆举办过?
2. 法兰克福车展第一次停展的原因是什么?
3. 法兰克福车展停展多长时间?
4. 法兰克福车展有哪些德国厂商?

任务5.3　法国巴黎车展

5.3.1　巴黎车展的起源

法国是汽车的发源地之一,第一次车展也是在法国举行的。因此,作为国际五大汽车展览之一,巴黎车展一直在汽车业界具有很大的影响力,对推动汽车业界的发展起到十分积极的作用。作为浪漫之都的巴黎,它的车展如同时装,总能给人争奇斗艳的感觉。

1898年,在法国汽车俱乐部的倡议下,于巴黎杜乐丽花园举行,大约14万名游客前来参观,232辆汽车往返于巴黎与凡尔赛之间,汽车成为公众瞩目的焦点。展览会有一项非常有意思的规定,那就是但凡想要参展的车辆,必须首先能够仅依靠自身的动力完成从巴黎到凡尔赛的往返,以证明这些车辆是真正可以行驶的汽车,而非摆在那里供人观赏的空壳。最终有超过220个参展商挤在6 000余 m^2 的场地上,每个展商不到30 m^2,基本上两辆车就把位置塞满了。

5.3.2　巴黎车展的发展状况

1.发展初期

1901年,这一展会将大本营搬迁到了更加宽敞的巴黎大宫(Grand Palais),这里也是之后的60年当中伴随巴黎车展成长的根据地之一。这一年的车展刚好和摩托车展会的日期重合,让那些既制造摩托车又制造汽车的厂商左右为难、分身乏术,直接引发了这些厂商和展会主办方的矛盾,也导致了1909年车展的取消。在1910年,新成立的委员会结束了不和,它囊括了承办车展的各种专业组织,不过在运作机制和原则上并没有多少改变,在新委员会的努力下,车展的规模渐渐扩大,直到第一次世界大战爆发。

1906年,汽车的销售额已经从1898年的5百万金法郎(gold francs,上世纪三四十年代之前作为国际结算的一种计价单位)增加到了1.29亿金法郎,增长了近25倍,汽车的重要角色开始为世人所认知。随着汽车产业的壮大,车展规模也进一步扩张,巴黎大宫的面积也难以再满足车展的需要,从1906年开始,卡车不得不在室外展出,而主办方也先后选择了众多其他场地,如荣军院广场、康斯—拉雷讷温室,在1927年他们甚至把展会搬到了凡尔赛门(图5.13)。

图 5.13　凡尔赛门展览中心

2. 一战后二战前的发展期

1919 年 10 月，在伦敦车展开幕前，第一次世界大战停战后的首次巴黎车展成功举行，同时第一个"测试－驾驶"中心在巴黎大宫附近成立。雪铁龙为了赚取噱头，提供了 50 辆汽车，而北美的主要汽车厂商也远道而来，携大量新车亮相车展，当年参展的展商数量达到了 664 家，规模宏大。1921 年，巴黎车展的辉煌已大大超越了战前，巴黎大宫迎来了鼎盛时期，车展以类似音乐界的形式呈现，简直如同盛大的假日一般，观众们为一睹展会的精彩排起了长龙。

1923 年起，车展改在 10 月的第一个星期三，这一惯例一直延续到今天的巴黎车展。1925 年举办的世界装饰艺术展览占据了巴黎大宫，车展主办方不得不重做考虑，在"更换场馆"（考虑过里昂）以及"取消展会"这两种选择之间犹豫了许久，最终无奈地选择了后者。而紧接着到来的第二次世界大战则让原本已经萧条的巴黎车展在 1939～1945 年间彻底沉寂。

3. 二战后的迅速发展期

1946 年，巴黎车展正式回归，作为二战后欧洲的首个车展，巴黎车展让那些战时失去了汽车的法国人倍感振奋，10 天的展览吸引了 81 万人次前来参观。同时，巴黎车展再次让人们看到了汽车技术前进发展的希望，于 1923 年之后销声匿迹的电动车时隔二十多年之后"重见天日"，出现在巴黎大宫的展厅中。

1950 年，巴黎车展规模迅速壮大，主办方首次尝试使用双会场的模式，同时在巴黎大宫（图 5.14）和凡尔赛门展览中心（摩托车和多功能车）举办展览，观展人数纪录一再被刷新，汽车产品的创意也层出不穷，让消费者们感觉到拥有一辆汽车已不再是梦想。50 年代初期，汽车设计的艺术被越来越多的制造商重视起来，并影响了后来数年甚至十几年的汽车设计制造思路。规模的扩张将二手车也挤出了巴黎车展的主场。

1952 年，二手车展览移师 Maillot 展览中心。同年，巴黎大宫的地下室举办了首届大篷车、休闲居旅车型的展会，让人们看到了细分市场车型的活力。1953 年巴黎大宫的展会面积达到了 8 万 m²，这届巴黎车展沿用了 1920 年时提出过的理念，在深夜同样对外开放，并且收取更少的门票费用，实现人员的分流和更多盈利的目的。巴黎大宫周围的交通状况每况愈下，1954 年观展人数已超过了 100 万，1955 年这一纪录再次被 103.7 万的人流量打破，而比这个传奇数字更富传奇色彩的雪铁龙 DS19 在车展上一经亮相便引起了轰动。

1957 年，来自日本的产品首次在国际车展上亮相，当时参展的是来自 Prince（后来的 Nissan 品牌）的 Skyline 车型，这也从另一方面印证了巴黎车展在全球各厂商心目当中的地位。1958 年，巴黎

图 5.14 巴黎大宫

车展组委会的主席 Petiet 男爵逝世——这位从1919年以来带着巴黎车展经历了萧条与繁荣的颇具远见的领导者的名字被永久地载入了史册。

1962年,整个展会移师凡尔赛门展览中心(Porte de Versailles)。60年代的展会规模保持了温和的增长,1968年的观展人次为106万,相比十多年前并没有太多变化,不过在展会形式和内容上有了更多的创新。1976年起,巴黎车展的周期延长为每两年一届,举办时间为9~10月,与德国的法兰克福车展交替举办,以适应大部分汽车制造商的要求,并且有私人用车和工程车辆参展,而自行车和摩托车展则改在奇数年举行。

4. 发展现状

1988年,巴黎车展主办委员会再次更换主席,巴黎车展的名称也由"Salon de l'automobile de Paris"更改为今天使用的"Mondial de l'automobile de Paris",以显示其"世界车展"的属性。2000年,参展人数增长了10倍,达到了140万人,其中包括来自81个国家的8 500名记者。2002年法国巴黎车展持续16天,迎来世界5 000多名记者和125万观众。据统计,巴黎车展直接收入约85亿法郎,实现交易额1 500亿法郎。

2013年巴黎车展(图5.15)迎来了将近180万游客、来自100个国家的13 000多名记者,还有80多个国家的领导人出席,这证明巴黎车展已经不再是一个销售汽车产品的大卖场,而是一场真正的技术盛宴,所有的制造商在这里展示他们的最新理念、最先进的技术和最前卫的设计。

图 5.15 巴黎车展

本任务详细地讲解了巴黎车展的起源及发展。同时,近几年巴黎车展也在不断地壮大,出现了很多亮点。通过网络查询相关资料,完成课后拓展练习,拓宽和更新知识面。

课后练习

请通过网络查询的方式,自主完成以下练习。
1. 请简述巴黎车站的起源。
2. 请简述巴黎车展的发展历程。
3. 请指出2013年巴黎车展的5款亮点车型。

任务5.4　瑞士日内瓦车展

5.4.1　日内瓦车展的起源

作为世界五大车展之一的日内瓦车展起源于1905年,正式创办于1924年,1926年起由非正式的协会主办,从1931年起,第一届正式的日内瓦车展(图5.16)在瑞士日内瓦举办,1947年协会改组为国际车展基金会,1982年起由政府出面创立的Orgexpo基金会主办。

图5.16　第一届正式的日内瓦车展

5.4.2　日内瓦车展的发展状况

1. 发展初期

日内瓦车展首次于1905年举行,当时展出所有汽车工业历史上重要的内燃机,以及以蒸气为动力的汽车。

如今,日内瓦车展多在每年的3月举行,是欧洲唯一每年举办的车展。相比世界其他车展而言,日内瓦车展是最受传媒关注的,并且被业内人士看作是最佳的行业聚会场所,素有"国际汽车潮流风向标"之称。以展示豪华车及高性能改装车为主,展品比较个性化。

日内瓦所在的瑞士并没有自己的汽车品牌,或许正是因为这个国度没有自己的汽车工业,才能够更容易为所有的参展商营造出一个公平的交流环境,也正是由于这个原因,造成了日内瓦车展新车发布最多、专业化程度上最高的特色。日内瓦已成为来自欧洲和世界的汽车制造商、汽车设计大师们展现实力的舞台,是各大汽车商首次推出新产品的最主要的展出平台。

日内瓦车展展馆(图5.17)不仅档次高、水准高,更重要的是车展很公平,没有任何歧视,无论是汽车巨头还是小制造商,都可以在日内瓦车展上找到一席之地,就连各类车展的资料,也被"一视同仁"地印成了英语、法语、德语等几种版本。

图5.17 内瓦车展展馆

瑞士这个国家很特殊,虽然它没有自己的汽车制造公司,但它却是一个庞大的汽车消费市场。在瑞士大街(图5.18),你常常可以看到宾利、保时捷等名车,名车就跟名表一样,成了某种标志。这样的"天时"和"地利",自然唤来了"人和"。

图5.18 瑞士大街

3. 发展中的定位和理念

日内瓦车展上的展品不仅是各汽车厂家最新、最前沿的产品,而且参展的车型也极为奢华。由于各大公司纷纷选择日内瓦车展作为自己最新最靓的车型首次推出的场所,这就为日内瓦车展博得了"国际汽车潮流风向标"的美誉。下面是一些曾经在日内瓦车展上出现过的豪车:布加迪 Elisabeth Junek 限量版(图 5.19)Model、S 自动驾驶版(图 5.20)、捷豹 XFR-S(图 5.21)、兰博基尼 Huracan(图 5.22)。

图 5.19　布加迪 Elisabeth Junek 限量版

图 5.20　S 自动驾驶版

图 5.21　捷豹 XFR-S

图 5.22　兰博基尼 Huracan

总之,日内瓦车展是世界级的汽车展览,但是它"贵而不娇",无论是汽车巨头还是小制造商,都可以在日内瓦车展上找到一席之地。它有容乃大的办展理念,为世界汽车展览的发展做出了应有的贡献。

课后练习

通过网络查询相关信息,回答下列问题。
1. 请简述日内瓦车展的起源。
2. 请简述日内瓦车站的发展历程。
3. 请举出 5 款在 2013 年日内瓦车展上出现过的亮点车型。

任务 5.5　日本东京车展

5.5.1　东京车展的起源

东京车展(图 5.23)是五大车展中历史最短的。它创办于 1954 年,每年 10 月底举行,单数年为轿车展,双数年为商用车展。逢单数年秋季举办的,也是亚洲最大的国际车展,被誉为"亚洲汽车风向标"。东京车展历来是日本本土生产的各种千姿百态的小型汽车唱主角的舞台,这也是与其他国际著名车展相比最鲜明的特征。同时,各种各样的汽车电子设备和技术也是展会的一大亮点。

图 5.23　东京车展

5.5.2　东京车展的发展及现状

东京对于世界汽车市场有较深的影响,对于亚洲汽车市场更有着重要的意义。1954 年的第一次车展在日本东京近邻的千叶县举行,其各类电子三维展示装备让车展的参观者有"头晕目眩"的奇妙感。与其他西方大型车展相比,日本车展更具有亚洲的东方风韵。1999 年的东京车展创下了参观人数达 140 万的世界纪录,足见它的热闹程度。

1. 车展规模的变化

早期(第 1 届—第 4 届),展览都在室外会场日比谷公园(图 5.24)举行,场地面积 4 389 m²。隔年(第 5 届),因为日比谷公园的地下铁与地下停车场工程,使得展览转移到与后乐园棒球场紧邻的后乐园自行车竞赛场举行。之后(第 6 届至第 27 届),改换在晴海的东京国际见本市会场举办。比起之前日比谷公园的场所,会场扩大 3 倍,展示间隔的面积也扩大 2 倍。现在(第 27 届至今),皆在位于千叶县千叶市的幕张展览馆举行。目前,所使用的展场面积为 40 839 m²,跟最早期相比较之下,整整扩大约 10 倍之多。

2. 发展中形成的特色

东京车展的特点之一是车型极其多,多得让人无法记住,几乎什么稀奇古怪的车型(图 5.25)都

图 5.24　日比谷公园

有,但又不是概念车,而且以小车型居多。由于市场竞争的激烈,精明的日本商人早就把市场细分成了无数个小块,而且改型后的车子之间的差别往往都很小,多数时候只是某项技术或者设计的更改。汽车生产商还会以性别、年龄层次等来设计不同的车型。这也难怪东京车展上那些纷繁复杂的车型会让业内人士都看得头晕眼花了。而且有趣的是,东京车展中的很多车在日本以外的市场都不卖,很大一个原因是它定位得太细,在国外找不到对应的成规模的市场。

图 5.25　稀奇古怪的车型

日本车展身为具有国际性质的汽车展览,自然成为世界各大汽车公司选择新型车辆首次公开的场所之一。而且,世界级水平以上的日本车辆,优秀的技术力与众多的供应商,皆来支持汽车展览,使得媒体注目的焦点也开始转往"零件馆"(图 5.26)部分,遂成为"东京车展"的特色之一。

2013 年第 45 届东京车展在日本千叶县正式开幕。此届车展海报和官方网站的设计依旧卡通粉嫩:可爱的热气球小车漂浮在东京上空,就连"Tokyo Motor Show 2009"这个标题也采用了糖果一样的字体,看上去让人心情愉悦而放松。正如"Fun Driving for Us, Eco Driving for Earth"的主题所示,"乐趣"和"环保"是东京车展的关键词。在具体展品方面,全球首发车型将以混合动力和电动概念车为主,尽管新品数量不多,但与车展的主题还是非常贴切的。纵观本年度的重量级车展,2014 东京车展显然不会像 4 月上海车展那样火热、单薄、浮躁,也不会像 9 月法兰克福车展那样星光璀璨、看点众多,甚至规模将不及 12 月举行的洛杉矶车展……但是,众多欧美厂商的缺席在促成东京车展低潮的同时,也在一定程度上反映了日系厂家在历经战略收缩、调整之后,仍将选择新能源车型作为未来的主攻方向。巩固现有市场地位、寻求新的突破、力求在新一轮市场竞争中保持优势地位可以说是一众日系品牌的共同目标。

图 5.26　东京车展零件馆

课后练习

通过网络查询,回答以下问题。
1. 请简述日本东京车展的起源。
2. 请简述日本东京车展的发展历程。
3. 日本东京车展第 1 届至第 4 届在哪里举行?
4. 日本东京车展第 27 届至今在哪里举行?
5. 日本车展的本土厂商有哪些?

任务 5.6　中国上海车展

5.6.1　上海车展的起源

上海车展创办于 1985 年,是中国最早的专业国际汽车展览会;逢单数年举办,目前已经成功举办了 15 届,是亚洲最大规模的车展。

5.6.2　上海车展的发展

1. 发展初期

2004 年 6 月,上海国际汽车展顺利通过了国际博览联盟(UFI)的认证,成为中国第一个被 UFI 认可的汽车展。伴随着中国汽车工业与国际汽车工业的发展,经过 20 多年的积累,上海国际汽车展已成长为中国最权威、国际上最具影响力的汽车大展之一。从2003年起,除上海贸促会外,车展主办单位增加了权威性行业组织和拥有举办国家级大型汽车展经验的中国汽车工业协会和中国国际贸促会汽车行业分会,三家主办单位精诚合作,为上海车展从区域性车展发展成为全国性乃至国际汽车大展奠定了坚实的基础,确立了上海车展的地位和权威性。

第11届上海国际车展于2005年4月22日至28日在新国际博览中心举行。展出面积12万平方米,来自26个国家和地区1 036家厂商踊跃参展,电中国际汽车巨头6+3和中国主流汽车厂均大规模参展。35个国家和地区1 020家媒体5 380名记者参与了车展的报道。113个国家和地区的391 593人次的观众见证了车展的成功与辉煌(图5.27)。

图5.27 人头攒动的展馆

2. 发展壮大期

从1985年首届上海车展以73家参展商、1.5万平方米展台面积起家,到1990年首届北京车展观众即突破10万;从1985年原装进口桑塔纳作为展会主推车型,到2004年凯迪拉克Sixteen概念车亮相国展,北京车展与上海车展的你追我赶共同见证了中国汽车工业的发展,当中国汽车工业以年产超越500万辆的业绩向世界第三大汽车生产国进发的时候,北京车展与上海车展也在为争夺中国第一张国际A级车展的名片展开了一场不见硝烟的战斗。

在数字的增长之外,国内汽车产销量的增长与普及率的提高正在改变着京沪车展的内涵。从上世纪90年代初,上海观众为获得一把免费赠送的纸扇排起长队,到世纪之交怀有购车冲动的北京市民满头大汗地在各个展台收集车型资料;从2004年北京车展中靓丽的车模与文艺演出成为最大亮点,到2005年上海车展中外品牌概念车周围的人头攒动,京沪车展在十几年间经历了庙会—展销会—文化盛典—专业展会的变化过程;国际车展不但成为京沪等大都市白领生活不可缺少的组成元素,更成为加快汽车文化普及,是中国步入汽车社会的推进剂。

2009年在全球经济不景气的时候,中国汽车市场已成为国外汽车厂家的"必争之地"。国际汽车巨头看好中国汽车市场,各家均以国际A级车展的水平参加本届上海车展。部分公司更将上海车展作为A级车展中的重点展会予以重视。各国汽车巨头都将基本保持往届的规模和水准,特别是奔驰和宝马扩大了参展面积,并且有很多重量级概念车(图5.28)亮相。日系的丰田、本田、日产等参展面积都将明显增长。国内上汽、一汽、东风、长安、北汽、广汽六大集团共同携手,推出自主品牌的新车,成就上海车展史上以集团形式集体亮相的盛举。

3. 发展现状

2011第14届上海国际汽车工业展览会(简称"2011上海车展")于4月21～28日在上海新国际

图 5.28　布加迪威航、北汽、雪铁龙、玛莎拉蒂概念车

博览中心举行(图 5.29)。据悉,2011 上海车展的主题为"创新·未来",此届车展占地 23 万平方米,展出的车辆将达 1 100 辆,堪称今年全球规模、影响力最大的汽车展之一。

图 5.29　2013 届上海汽车博览会门廊

　　2013 年上海车展共有近 2 000 家厂商参展,丰田、大众、通用、宝马、标致雪铁龙等跨国车企无一缺席,本土车企也纷纷以两三千平方米的奢华阵容参展,多达 111 辆的全球首发车数量直追今年的日内瓦车展。以"创新·美好生活"为主题的 2013 上海车展,再次印证了中国仍是全球最为活跃、最具发展潜力的汽车市场。不仅见证了中国汽车工业的创新发展成果,领略国际汽车工业发展的最新水平,同时也演绎了现代汽车注重科技与环保而带给人类社会的美好生活方式。可以相信,创新引领产业发展,发展迎接美好生活的理念,成为上海车展的主旋律,它不仅承载了全球车企共同追逐的梦想,肩负着推动我国自主品牌健康发展的责任,更引领着汽车文化的前进步伐,体现着人们对汽车生活的美好憧憬。

课后练习

通过网络学习的方式,查询以下问题的答案。
1. 上海车展至今举办过几次了?分别在哪个场馆举办的?
2. 中国都有哪些车展?都在什么时候举行?
3. 2013年上海车展参展的厂商有哪些?(至少列出10个)

扩展阅读

汽车后市场

1. 概念

汽车后市场的最早是以汽车整车销售的前、后顺序进行分类的,汽车后市场行业简称车后市。一是汽保行业;二是汽车维修及配件行业;三是汽车精品、用品、美容、快修及改装行业;四是二手车及汽车租赁行业。汽车后市场大体上可分为七大行业:汽保行业;汽车金融行业;汽车IT行业;汽车精品、用品、美容、快修及改装行业又称汽车养护行业;汽车维修及配件行业;汽车文化及汽车运动行业;二手车及汽车租赁行业。

汽车后市场有不同的定义,归纳起来有三种主要定义:定义之一是消费者在使用汽车的过程中所发生的与汽车有关的费用,具体维修、保养、零配件、美容、改装、油品等服务;定义之二是整车落地销售后,车主所需的一切服务;定义之三是汽车产业链的有机组成部分,包括汽车销售领域的金融服务、汽车租赁、保险、广告、装潢、维护、维修与保养;日常运行的油品;驾校、停车场、车友俱乐部、救援系统、交通信息服务、二手车等;

2. 国内汽车后市场可以分为四个发展阶段:

第一阶段是1990~1996年,汽车后市场的开始阶段。服务对象:基本是公务车;第二阶段是1997~2006年,汽车后市场的高速发展阶段服务对象:公务车为主,私车15%;第三阶段是2007~2010年,汽车后市场的洗牌阶段。服务对象:私车,50%公务车50%;第四阶段是2011年以后,汽车后市场平缓发展阶段服务对象:私家车为主,每个地区有2~3家区域性的龙头店,品牌快修快保店与4S站并行,国外汽车服务连锁巨头进入中国,其他个体店要选择好自己的发展道路。

汽车后市场正面临一个历史性的发展机遇

汽车后市场是产业链中最稳定的利润来源,占总利润的60%~70%;2005年,国内汽车用品行业产值达到420亿元,维修行业产值410亿元;到2010年,总规模超过1 900亿元;预计到2015年,总规模将超过7 000亿元。目前国内正式注册的汽车美容装饰维修厂家30余万家,经营汽车美容9 000多家(不包括路边店)。并且汽车销售市场每年以30%的速度递增;每台车售后服务金额约为车价的2倍,10年报废;加上私家车主的整体汽车售后保养服务意识增强。因此中国的汽车后市场面临一个历史的发展机遇。

面对如此的市场良机该如何把握机遇,已经摆在每一个汽车业者的面前。归纳起来汽车业者有两条道路可供选择:一是发展自我品牌,做强做大。二是牵手国际汽车服务知名品牌,携手共同发展。

国内汽车后市场渠道模式:

在中国,汽车后市场主要有以下五大渠道:一是发展起来的汽车4S站;二是传统大中型维修厂;三是汽车维修路边店;四是汽车专项服务店;五是品牌快修美容装饰连锁店。这五大渠道在面积大小、设备投资、人员素质、地点便利性、服务质量、服务时间和收费标准等方面各有千秋,短期可以共存,但随着市场的发展变化,经过逐步变化的汽车4S店和国际知名的品牌快修保养美容连锁店是两大主要渠道。

3. 分析总结

在国内汽车市场的发展阶段,著名职业经理人王玉军成功构建了汽车后市场的发展战略和发展思路。他采用汽车后市场的"5核1"的发展模式,目前正在逐步稳定发展。汽车后市场整体分析有十九大主要业务:汽车美容、汽车养护、汽车电子、汽车娱乐、汽车改装、汽车饰品、轮胎服务、汽车维修、车用商务品、汽车租赁、车主俱乐部、二手车、汽车文化、汽车融资、汽车广告、汽车资讯、汽车培训。

国内汽车后市场展望:目前国内汽车后场刚刚处于发展的初级阶段,作为汽车行业的每个企业和个人,要全面地提升自己,选择正确的前进方向,把握住适合自己的良机,处理好路途的风雨坎坷,稳步向前,汽车后市场一定会有自己的一席之地,成功属于每一个有准备的头脑。

模块 6

汽车运动

【教学目标】

1. 了解汽车运动的起源及分类。
2. 了解汽车的各种比赛。
3. 了解当代著名赛车名将。

【课时计划】

序号	任务内容	参考课时	备注
任务 6.1	汽车运动的起源及类型	2	
任务 6.2	方程式赛车	1	
任务 6.3	汽车拉力赛	1	
任务 6.4	勒芒 24 小时耐力赛	1	
任务 6.5	场地越野赛	1	
扩展阅读	当代著名赛车名将		

> 汽车运动又称汽车竞赛。"赛车"一词来自法文（Grand Prix），意思即大奖赛。在国外，汽车比赛与汽车具有同样长的历史。今天，各式各样的汽车比赛被统称为现代汽车运动，它是世界范围内一项影响较大的体育运动。赛车运动是速度的追求，回顾汽车发展的历史，每次赛车运动都推动着汽车技术的发展，赛车运动中汽车速度纪录的每一次改写，都是汽车技术发展的里程碑。

任务6.1　汽车运动的起源及类型

6.1.1　汽车运动的发展

1. 汽车运动的起源

真正意义上的第一次汽车运动诞生日是1894年6月11日，如图6.1所示，那天法国《小人物》杂志（Le Petit Journal）在巴黎举办了赛车会，从巴黎出发经里昂又返回巴黎，赛程126 km，共有102辆车参赛，比赛的目的主要是考核汽车的行驶可靠性。赢得比赛的车必须"安全、易操控、经济"。最后只有9辆车到达终点。法国德—迪昂（De Dion）蒸汽车第一个到达终点，车速24 km/h，但这辆蒸汽车并不是一辆实用的道路用车，因此组委会将奖品发给后面的标致（Peugeot）和潘哈德—勒瓦索两辆汽油车。

世界上最早使用汽油汽车进行的长距离汽车公路赛是在1895年6月11日至14日由法国汽车俱乐部和《鲁·普奇·杰鲁瓦尔》报社联合举办

图6.1　最早的赛车

的一场比赛，路程从巴黎到波尔多往返，全程长达1 178 km，参赛车辆总共有23辆，其中包括蒸汽车和汽油车。有趣的是，获得比赛第一名的竟被取消了冠军头衔。这个人叫埃米尔·鲁瓦索（Emile Levassor），共用时48.8 h，平均车速24 km/h。由于比赛规定赛车上只许乘坐一人，而他的车上却乘坐了两人，因此失去获奖资格，结果落后很远（用时59h）的驾驶标致车的凯弗林赢得了冠军。此次比赛跑完全程的有8辆汽油车和1辆蒸汽车，第1～7名全被汽油车垄断，汽油车大获全胜。此外，安德烈·米其林驾驶标致充气轮胎赛车也参加了比赛。当时成千上万的观众冒着风雪目睹了这一赛事，并为汽车这一新玩意儿所吸引。一时间，汽车发明家、赛车手成了纽约、芝加哥等大城市里市民们饭桌上议论的热门话题。

1900年6月14日举行的从巴黎至里昂的"格顿·贝纳特杯"汽车赛是世界上最早的国际汽车锦标赛。由纽约先驱（New York Herald）出版商格顿·贝纳特（Gordon Bennett）创建的该项赛事每年举办一次。第一届比赛有来自法国、比利时、美国和德国的选手，分别驾驶5辆汽车参加比赛，跑完全程的只有2辆。法国人法南德·夏伦以平均时速38.5 mile（1 mile=1.609 3 km）的速度获得这次锦标赛的冠军。

2. 汽车运动初具规模

在以后的车赛中,为避免汽车在野外比赛时扬起的漫天尘土影响后面车手的视线,造成伤亡事件,车赛逐渐改为在封闭的道路赛场和跑道上进行,这就是汽车场地赛的雏形。最早的汽车跑道赛于1896年在美国的普洛维登斯举行。为了吸引更多的人参加汽车比赛,使比赛更具刺激性和挑战性,法国《汽车》杂志社于1905年6月在法国勒芒(LeMans)市举行了第一次真正意义上的场地世界汽车大奖赛(Grand Prix,又译为"格兰披治")。从此,汽车大奖赛成为世界体育舞台上一项非常重要的赛事,小城市勒芒也因此闻名于世。

1911年,摩纳哥首次举办了将欧洲10国各自的首都作为起点,以摩纳哥的蒙特卡洛为终点的汽车长途越野赛。这项比赛以"Rally"命名,译为"拉力"。此类长途越野赛被世人称为"拉力赛"。

法国对赛车运动的产生及发展做出了极大的贡献,因此现在的国际性车赛也叫"格兰披治",它是法文"Grand Prix"(简称GP)的音译,意思就是大奖赛。

今天,各式各样的汽车比赛已成为世界范围内一项影响较大的体育运动。多姿多彩的汽车运动使这一冷冰冰钢铁机器充满了柔情蜜意,同时,汽车运动的激烈、惊险、浪漫、刺激,不仅使成千上万的观众为之痴迷,还使世界汽车技术发展日新月异。

3. 国际汽车运动规范化

1904年6月10日,由法国、英国、德国等欧洲国家发起,在巴黎成立了国际汽车联合会(Federation Internationale de l'Automobile,FIA),简称"国际汽联",总部设在瑞士,其标志如图6.2所示。FIA以推动汽车工业发展为宗旨,FIA最高权力机构是世界汽车旅游理事会和世界汽车运动理事会。这两个理事会的主席均由国际汽联主席担任,分别另设一名执行主席。

4. 中国的汽车运动

中国汽车运动联合会简称FASC,其标志如图6.3所示,于1975年在北京成立,1983年加入国际汽车联合会。中国汽车运动联合会的任务是负责全国汽车运动的业务管理,组办国内外汽车比赛和体育探险活动,指导群众性汽车体育活动,培训运动员、教练员和裁判员,参加国际交往和技术交流。

图6.2 国际汽联FIA标志

图6.3 中国汽车运动联合会标志

6.1.2 汽车运动分类

汽车运动是使用汽车在封闭场地内、道路上或野外进行比赛速度、驾驶技术和车辆性能的一项运动。

19世纪80年代,在欧洲大陆出现了汽车的雏形。汽车运动随着汽车工业的发展而兴起。起初汽车比赛的目的是检验车辆的性能,宣传使用汽车的安全性和可靠性。1894年在法国举行了第一次汽车比赛。1904年6月20日,由法国、英国、德国和比利时等欧洲国家发起,在巴黎成立了国际汽车联合会。

自20世纪50年代开始,世界汽车工业飞速发展,推动汽车运动的水平不断提高。汽车比赛始终是围绕普通交通车和特制赛车两大类车种发展。国际上比较统一的竞赛项目有方程式汽车赛、拉力赛、越野赛、耐力赛、创纪录赛、直线竞速赛、场地赛、驾驶技巧赛、爬坡赛和卡丁车赛等。国际汽车联合会对在世界范围内开展广泛、影响大的项目设立了世界锦标赛。

中国汽车运动从1985年组办第一届香港至北京汽车拉力赛开始。现开展的项目有拉力赛、越野赛、场地赛、普通汽车竞速赛、驾驶技巧赛和卡丁车赛等。

1. 一级方程式赛车(F1/Formula1)

世界一级方程式锦标赛是汽车场地比赛项目之一，是方程式汽车赛中最高级别的比赛。现代世界一级方程式锦标赛是于1950年在英国银石赛车场开始的，现在每年举行16场比赛，由国际汽车联合会安排比赛。如图6.4所示，现有19支参赛车队均为"一级方程式车队协会(FOCA)"的成员。车手必须持有由国际汽车联合会签发的"超级驾驶执照"。每年全世界持有这种执照的车手不超过100人。

比赛设车手奖和车队奖。每场比赛的全程距离大约为305 km，所用时间不超过2 h。每场比赛取前6名，车手获得分数依次为10、6、4、3、2和1。在每一赛季结束后，将车手在全年16场比赛中的比赛成绩相加得出总积分，得分最高者为当年世界冠军。车队世界冠军的计分方法与车手相同。

图6.4 一级方程式赛车

比赛使用四轮外露的单座赛车，由底盘、发动机、变速系统、轮胎和空气动力装置等构成，最小质量为600 kg。底盘是以航天飞机的构造科学为基本理论依据，用碳化纤维制造的。发动机依不同时期的比赛规则而变化，自1995年开始，规定使用气缸容积为3.0 L的自然吸气式汽油发动机，气缸数目最多12个，输出功率为478 kW。变速器设有6~7个挡位，并采用半自动变速系统。

使用的轮胎采用特殊合成橡胶制造，分干地与湿地两种，以便于在不同气候下使用，赛车的车身呈流线型，在其前、后部设有扰流装置和翼子板，在运动中利用空气动力学的原理产生下压力量，增加轮胎的附着力，使赛车紧贴地面运动。

2. 方程式3000(F3000/Formula3000)

3L方程式汽车赛是方程式汽车场地比赛项目之一，设有国际大奖赛等比赛。使用的赛车是四轮外露的单座位纯跑道用方程式赛车，装备8气缸、排量为3L的自然吸气式汽油发动机，输出功率约350kW。如图6.5所示。

3. 三级方程式汽车赛(F3/Formula3)

方程式汽车场地比赛项目之一。使用的赛车是四轮外露的单座位纯跑道用方程式赛车，外形与F1赛车相类似，但体积较小，最小质量为455 kg，配备4气缸、排量为2 L的自然吸气式汽油发动机，输出功率约125 kW。

图6.5 方程式3000

4. 亚洲方程式(Formula ASIA)

方程式汽车场地比赛项目之一，限在亚洲地区开展。使用的赛车是四轮外露的单座位纯跑道用方程式赛车，车身规格与F3相似，配备1台福特4气缸、排量为2 L的自然吸气式汽油发动机，输出功率约117.6 kW。

5. 卡丁车赛(karting)

汽车场地比赛项目的一种。分方程式卡丁车、国际A、B、C、E级和普及级6类，共12个级别。如

图 6.6 所示,使用轻钢管结构,操纵简单,无车体外壳,装配 100 mL、125 mL 或 250 mL 汽油发动机的 4 轮单座位微型赛车,重心低,在曲折的环形路线上行驶,比赛速度感强。

卡丁车是世界方程式赛车的最初级形式,始于 1940 年。由于许多著名的 F1 赛车手都是从卡丁车起步的,因此卡丁车被视为"F1"的摇篮。

6. 印地车赛(Indy Car)

汽车场地比赛的一种。设有世界锦标赛。该车赛起源于美国,原为美国汽车协会主办的锦标赛。1978 年由 18 支印第车队联合成立了"印地锦标赛赛车队有限公司",建立的赛事管理机构举办系列车赛,制订了独特的比赛规则。如图 6.7 所示,1979 年举办了第一次比赛,成为不受国际汽车联合会管辖的汽车比赛。

图 6.6　卡丁车赛

图 6.7　印地车赛

比赛使用车辆的整体结构类似 F1 的四轮外露式单座位纯跑道用赛车,但使用 8 气缸、排量为 2.6~3.4 L 以甲醇为燃料的涡轮增压式发动机,输出功率为 515~625 kW。依不同的比赛场地,比赛距离为 320~800 km 不等。

7. 耐久赛(Grand Touring Car)

亦称"GT 赛",汽车场地比赛的一种。为长时间耐久性汽车比赛。比赛车辆分旅行车和运动原型车两类,并根据发动机的排量分为若干级别。比赛中每车可设 2~3 名驾驶员,轮流驾驶。

每年国际汽车耐力系列赛分为 11 站,在世界各地举行。比赛一般进行 8~12 h,以完成圈数的多少评定成绩。较著名的比赛有:法国勒芒(Le Mans)24 小时耐久赛、日本铃鹿(Suzuka)8 小时耐久赛。

8. 拉力赛(Rally)

亦称"多日赛",汽车道路比赛项目之一。如图 6.8 所示,在有路基的土路、沙砾路或柏油路上进行。在一个国家内或者跨越数国举行的既检验车辆性能和质量,又考验驾驶技术的长途比赛。

比赛在规定的日期内分若干阶段进行,每阶段内设置由行驶路段连接的数个测试速度的赛段,交替进行,每个赛段的长度不超过 30 km。比赛采用单个发车方法,每个车组由 1 名驾驶员和 1 名副驾驶员(领航员)组成。以每个车组完成全部特殊路段比赛的时间和在行驶路段所受处罚时间累计计算最终成绩,时间短者名次列前。比赛对行驶路段的行驶时间有严格的限制,车组必须按规定的时间依次到每个时间控制点报到,迟到或早到都会受到处罚。

必须使用在国际汽联注册、年产量超过 5 000 辆的标准 4 座小客车和旅行车,并按比赛规则改装。发动机最大输出功率不准超过 220 kW。

图 6.8　拉力赛

国际汽车拉力赛每年设有世界拉力锦标赛(14站)、欧洲拉力锦标赛(11站)、亚洲拉力锦标赛(6站)、非洲拉力锦标赛(5站)和中东拉力锦标赛(6站)等众多大型赛事。

全国汽车拉力锦标赛(CRC)是中汽联在我国举办影响力最大的汽车拉力比赛,云南红河车队是国内最有实力的车队之一,在以往比赛中取得过骄人的战绩。

9. 越野赛(Rallycross)

汽车道路比赛项目之一。是在一个国家的公路和自然道路上举行的允许对该国进行考察的汽车比赛。经过几个国家的领土,总长度超过1万km或跨洲的比赛称马拉松越野赛。如图6.9所示,除国际汽联特别批准外,越野赛的赛程不得超过15天,比赛必须在白天进行。采用单车发车方式,比赛每经过10个阶段后至少休息18 h。

每阶段的行驶距离自定,但每个赛段最大长度,越野赛规定不超过350 km,马拉松越野赛规定不超过800 km。必须使用在国际汽联注册的全轮驱动汽车参赛。

图6.9 越野赛

1996年国际汽联首次对越野赛实行世界杯赛制,其中较著名的比赛有巴黎至达喀尔越野赛、突尼斯国际汽车赛、巴黎至莫斯科至北京马拉松汽车越野赛和阿拉伯联合酋长国沙漠挑战赛等。

全国汽车越野系列赛(CCR)的前身是创建于2007年的全国四驱拉力系列赛,全年设漠河冰雪汽车越野赛、云南东川泥石流越野赛、新疆环塔越野赛、罗布泊越野赛以及阳山丛林河道赛等分站赛。中国汽车越野系列赛各分站赛的路况迥异,特色分明,受到全国越野爱好者的热情追捧。09赛季的比赛在保留目前的汽油组和柴油组基础上增设两驱越野车组(简称2WD)和卡车组(简称T4)。

10. 场地越野赛

是在一个特定的场地内,人工地设置很多效仿大自然中可能地出现的情况而特设的障碍,如图6.10所示,车手必须在同一赛道内在规定的时间里跑完全部科目,同时不能借助任何外力,如有发生将和超出规定时间一样被视为成绩无效,以每个赛车手用时短者为胜出。

图6.10 场地越野赛

场地越野的赛道一般为1.5~2 km,碎石路、Z字路、炮弹坑、Z字木、跷跷板大石块路、浅水区、硬石坡、侧斜坡、硬石山等,能够充分考察车手的智慧、勇气和高超的驾驶技术。

全国汽车场地越野锦标赛(COC)是中汽联赛的系列比赛,实行系列分站赛和总决赛,比赛分A

组、B组、女子组和无限改装组个人赛和团体赛,设俱乐部杯、厂商杯奖。2009年前两站比赛分别在云南的建水和景谷举行。

11. 直线竞速赛(Drag Racing)

汽车场地比赛项目之一。比赛按不同车型及发动机排量分为12～14个级别,在两条并列长1 500 m、各宽15 m的直线柏油跑道上进行,实际比赛距离为400 m或200 m。如图6.11所示。

图6.11 直线竞速赛

比赛时每2辆车为1组,实行淘汰制,分多轮进行,直到决出冠军。采用定点发车方法,加速行进,通过电子仪器测量从发车线到终点线的行驶时间评定成绩。

中国直线竞速车王挑战赛是列入中汽联的全国性直线竞速赛事,包括31场省市自治区选拔赛、4场大区赛及1场总决赛,分非改装组和改装组两个组别。

课后练习

1. 世界公认的第一场赛车运动什么时间在什么地方举行的?
2. 赛车运动按车型不同可分为哪些赛事?
3. 世界最有名的汽车顶级赛事有哪些?

任务6.2 方程式赛车

6.2.1 方程式汽车赛分类

方程式汽车赛是汽车场地赛的一种,1950年国际汽车联出于安全和汽车技术发展的需要,颁布了赛车竞赛规则,低汽车自身质量、车长、车宽、发动机功率和发动机排量等技术参数做出了一系列规定,使车赛趋于公平,因此便有了"方程式赛车"的概念。

方程式赛车的级别分多种,主要有:一级方程式(简称F1)、二级方程式(简称F3000)、三级方程式

（简称F3）、亚洲方程式、自由方程式、福特方程式、雷诺方程式、卡丁车方程式等。

F1方程式比赛的车队由三部分组成。一是赛车，均由著名汽车制造厂家研制，一般每个车队有1~2辆参赛车辆；二是拥有FIA颁发的"超级驾驶员驾驶执照"的车手，全世界拥有这种执照的不到100人；三是维修人员，一流的汽车维修人员，负责赛车的维修保养，如图6.12所示。

图6.12 F1锦标赛

F1赛车

在国际汽联的F1赛车技术规则里，F1赛车定义为："一种至少有4个不在一条线上的轮子的车辆，其中至少有两个轮子用于转向，至少有两个轮子用于驱动。"FIA对F1赛车制定了统一的技术规则，对F1赛车整车尺寸、重量、发动机排量、轮胎、安全装置等制定了详细的规则。如图6.13所示。

图6.13 F1赛车

1. FIA对车身的要求

（1）长度：没有长度限制，但赛车前端与前轴中心线间的距离不得超过1.2 m。

（2）宽度：赛车的总宽度（包括完整的车轮）在方向盘打正时，不超过1.8 m。后轮中心线前面的车身宽度不超过1.4 m。后轮中心线后面的车身宽度不超过1 m。前翼子板宽度限制在1.4 m以内，后翼子板宽度不超过0.5 m。为了防止对其他赛车造成伤害，前轮前面的车身上任何边缘厚度至少10 mm，边缘圆角半径至少5 m。

（3）高度：车体任何部件高度不得超过基准面0.95 m。

（4）重量：F1赛车重量是指赛车及车手的总重量（车手在比赛中一直穿戴的服装及装备的重量），在排位赛期间不少于605 kg，在正式比赛中不少于600 kg。

2. FIA对发动机的要求

FIA对F1发动机的技术规格要求是：采用四冲程往复活塞式发动机，不得使用转子式发动机；如图6.14所示，发动机必须使用自然进气发动机，不得使用涡轮增压或机械增压；气缸数必须为10缸，引擎容量不可超过3 000 mL，而且气缸形状必须是圆的；禁止使用可变几何长度的进排气系统。为了减轻车重,大多数赛车均不安装启动机。在大赛开始前,车手在维修站内用轻便启动器发动赛车,然后开进赛场整装待发。

F1 的引擎只有 569 mm 长、506 mm 宽、492 mm 高(包括风箱)。离合器只比成年男子的拳头大一点而已。高科技材料使得引擎变得很轻,只有 97 kg。

例如,F1 火花塞的韧性比一般普通房车强,如此才能承受每分钟转 18 000 下的震动。但它们的尺寸却比较小,螺纹直径只有 10 mm(标准火星塞为 14 mm),所产生的火花也比标准火花塞大。

图 6.14　F1 发动机

令人惊讶的是,虽然 F1 引擎的燃烧温度可达 1 000 ℃,但在运转时却比普通房车引擎温度稍低。一级方程式 V10 的冷却剂温度可低到 110 ℃,油料温度可达 140 ℃,大约比普通房车低 20 ℃。

这么小的机器却能产生如此之大的能量,你难道不想把 F1 的引擎装到自己的车里吗?也许不想,因为 F1 引擎每跑 100 km 就吃掉 60 L 的汽油。

3. 轮胎的选配

轮胎性能、空气动力学和发动机功率是决定 F1 赛车速度的三大要素,但轮胎通常比其他所有因素加在一起的作用更大。如图 6.15 所示。

为了使发动机的动力能可靠地传递到路面,轮胎制作得相当宽大,用以增加与地面的接触面积。根据天气的不同,赛车选用不同的轮胎:干地轮胎和雨地轮胎。如图 6.17 所示,干地轮胎轮胎直径 660 mm,轮胎的表面有 4 个纵向凹槽,这些凹槽在轮胎表面中心线两侧以 50 mm 的间隔对称排列,深度至少为 2.5 mm。雨地轮胎直径 670 mm,要确保在湿滑的路面上有足够的抓地力,必须迅速排除进入胎纹与地面间的雨水,使轮胎表面更有效地接触地面,所以雨地轮胎要设计成能够充分适应湿滑路面的高性能复合排水纹路。所有的轮胎在比赛前,工作

图 6.15　赛车轮胎

人员要用特制的轮胎毯套对其进行加热或保温,使橡胶具有黏性和韧性,以获得较大的附着力,避免启动或转弯时打滑。比赛中的高速行驶及频繁的强力转向和急刹车使轮胎磨损极快,经常需要在中途换胎。因此,赛车轮胎只有一个紧固螺栓,便于迅速拆装。

6.2.1　方程式汽车赛车手

F1 赛事已走过了半个世纪的历程,涌现出了众多的著名车手,其中以巴西车手塞纳和德国车手舒马赫尤为出色。

1. 埃尔顿·塞纳

埃尔顿·塞纳(图 6.16),以其勇敢、智慧,奔驰在赛场上 10 年,创造出了不平凡的成绩,被公认为赛车史上最具天才的车手之一,被人们称为"赛车王子"。

塞纳 1960 年出生在巴西圣保罗市的一个汽车工厂主家庭,13 岁参加卡丁车比赛,初战告捷,从此节节胜利,17 岁夺得南美冠军。1981 年塞纳前往欧洲参加方程式汽车赛。不久,他就夺得福特 1600 和福特

图 6.16　埃尔顿·塞纳

2000方程式的冠军,在赛车界崭露头角。1983年他更上一层楼,参加F3方程式比赛,并获得了全英F3冠军。1984年塞纳终于得到了进军F1的机会,这一年他加盟托勒曼车队,并以出色的表现证明了自己的实力,使他得以在1985年转会到更加强大的莲花车队。

20世纪80年代至90年代初是塞纳赛车生涯的辉煌时期,161场F1大奖赛,3次世界总冠军,41个单站冠军,80次登上领奖台,空前的65次首发纪录。塞纳一时间几乎成了F1赛事的代名词。

1994年5月1日在意大利伊莫拉赛道,当比赛进行到了第7圈时,塞纳的车突然失去控制,以300 km/h的速度撞向赛道发车位前的第一个弯道,赛车当即撞毁,塞纳被从右前悬架上撞飞出的一个部件击中头部,不幸遇难。塞纳之死震惊了世界,赛车界无不为失去这样一个天才车手而惋惜,伟大的车手范基奥悲痛地说:"塞纳是最有希望打破纪录的人,现在不知要等到何时了。"塞纳的遗体运回巴西后,巴西政府为他举行了隆重的国葬。在巴西,塞纳是国家的象征,民族的骄傲。

2.迈克尔·舒马赫

迈克尔·舒马赫(Michael Schumacher)是当今F1成绩最辉煌的赛车手,到2004年为止他一共7次荣获年度车手世界冠军,是迄今为止获胜次数最多的F1赛车手,如图6.17所示。

迈克尔·舒马赫1969年1月3日生于德国,他父亲将一台小发动机装在一辆废弃的卡丁车上给儿子玩,他4岁就开始参加卡丁车比赛。1991年他在乔丹车队首次参加了F1大奖赛,1992年他在比利时获得了第一个分站冠军,并在那个赛季获得了总成绩第三名。

1994年他第一次夺得世界冠军,并于次年卫冕成功。1996年他加盟法拉利车队,虽然赛车问题不断,但他还是获得了第3名。1999年赛季对于舒马赫来说是令人失望的。积分第二,力争为法拉利车队赢得20年来第一个车手总冠军的舒马赫却在英国银石赛道撞断了腿,他也因此休息了3个月。

图6.17 迈克尔·舒马赫

2000年,舒马赫为法拉利车队夺得车队和车手双料冠军,成为3届世界一级方程式冠军车手,也是法拉利车队21年来的首个冠军车手。2001年舒马赫再为法拉利车队夺得车队与车手双料冠军。到2005年初舒马赫共参加了211场F1比赛,获得83个分站冠军,137次登上领奖台,他的F1总积分高达1 186分,并创纪录地获得7次年度车手冠军(1994年、1995年、2000年、2001年、2002年、2003年、2004年),成为F1历史上第一位七冠王,是当今赛车世界当之无愧的王者。

2006年9月,舒马赫在第5次夺得了意大利大奖赛冠军后宣布,他将在本赛季结束后离开F1车坛,结束自己16年辉煌的职业赛车生涯。车王在赛后的新闻发布会上说:"今天可能是我职业生涯最特别的一天,但是很抱歉,我真的要走了。"他眼睛湿润地表示:"我非常热爱赛车,我在职业生涯中享受了很大的快乐。我首先要感谢所有支持我的车迷,他们的支持给了我无比的力量。我还要感谢一直鼓励我的家人,我的妻子、孩子,谢谢你们。"37岁的车王在此前的比赛中战胜了雷克南,在法拉利的主场赛道上用最完美的方式见证了自己的告别时刻。

课后练习

1.在F1赛事已走过的半个世纪的历程中,尤为出色的著名赛车手有哪些?

2.方程式赛车的级别分为哪几种?

3.F1赛场上裁判手上的红、黄、白、黑、蓝各色旗帜代表什么?

6.3 汽车拉力赛

6.3.1 拉力赛

"拉力赛"一词取自英文"Rally",有"集结"的意思。拉力赛要求参赛车辆必须严格按照比赛规定的行驶路线,在规定的时间内,到达每一个封闭路段或维修区域等地点进行规定的比赛和规定时间的维修等。由于比赛不仅考验车手的水平,还要考验领航员的配合、车辆性能以及维修的力量。因此,无论对于选手还是车队都是一项无比复杂的综合性考验。拉力赛的赛段为各种临时封闭后的普通道路,包括山区和丘陵的盘山公路、泥泞路、冰雪路等,也有无法封闭的沙漠、草原等地段。

拉力赛采取间隔发车的形式,世界一级种子选手发车间隔为 1 min,其他选手为 2 min。参赛车辆均为各大汽车公司生产的原型车,但必须经过不同程度的改装方可参赛。无限制改装的称为 A 组赛车,除了保留外形和原厂标志以外,几乎所有的部件都可以改装。有限制改装的称为 N 组赛车,只允许进行安全改装和有限的性能改装,发动机内部必须持有原车的标准。

国际上著名的拉力赛有世界拉力锦标赛、欧洲拉力锦标赛、亚洲拉力锦标赛、非洲拉力锦标赛、格拉纳达—达喀尔拉力赛等。

1. 世界拉力锦标赛

世界拉力锦标赛全年赛程规划有 14～16 个站,分别在 14～16 个不同的国家举行,分为两赛季,在上半年赛季结束之后,经过约一个月的休息之后再进行下半年赛季。世界拉力锦标赛可说是所有赛车项目最严苛,也最接近真实的一种比赛。

"WRC"是"世界越野拉力锦标赛"的英文缩写,WRC 是由 FIA 批准的世界越野拉力锦标赛,是仅次于 F1 赛车的世界顶级赛车运动,因此也被认为是拉力赛中的 F1 比赛。参加 WRC 的赛车都是以制作精良的顶级世界越野拉力赛车为主,除此之外还有很多私人车队同时参赛,通常每一站的参赛车辆约70～100辆,全球约有超过 10 亿人次通过电视转播或其他媒体观赏这项世界顶级的汽车越野拉力赛事。同时 WRC 还以它"不要门票的比赛"或者叫"家门口的比赛"而闻名,因为 WRC 的赛道多是利用乡村、野外的砂石、沙漠等设计而成,比赛时赛车会在村庄中穿行,而观众就站在赛道两侧的安全区域观战,如图 6.18 所示。

图 6.18 世界越野拉力锦标赛

2.格拉纳达-达喀尔拉力赛

格拉纳达-达喀尔拉力赛是单项赛事中距离最长的汽车赛,创办于1979年。该比赛每年1月从西班牙南部的格拉纳达出发,穿越非洲5个国家,行程达10 109 km,最终到达塞内加尔的达喀尔。与WRC不同的是,该比赛为多车种的比赛,共分为摩托车组、小型汽车组以及卡车组,赛车号码依次以1,2,3开头。如"105"表示摩托车组的第5号赛车。比赛路段分布在宽阔甚至漫无边际的撒哈拉沙漠、毛里塔尼亚沙漠以及热带草原,与WRC相比,基本上没有现成的道路。车手和领航员除了依靠组委会的路线图以外,还要借助指南针和全球定位系统才能到达和通过每一个集结点。比赛采取间隔发车的方法,但是比赛赛段只有十几个,每个赛段都十分漫长。

达喀尔拉力赛,如图6.19所示,它的过程异常艰辛,赛车手白天要经受40 ℃的高温,晚上又要在零下的低温中度过。而且,除了通常的赛车故障以外,一旦迷失方向,就要面临断油、断粮甚至放弃赛车的局面。因此,这是一场人与自然真正较量的比赛。

图6.19 达喀尔拉力赛

3.中国汽车拉力赛

2014"冷水河"杯贵州金沙中国汽车拉力锦标赛昨天(19日)傍晚结束了最后两个赛段的争夺,斯巴鲁中国拉力车队凭借着英国冠军车手马克希金斯的精彩发挥,一举夺得了最具分量的联合会杯冠军和国际组队赛杯冠军,上海大众斯柯达红牛车队的尼尔·麦克西/马沙尔·克拉克和贵州金沙冷水河拉力车队的樊凡/方军卫分获亚军和季军。如图6.20所示,斯巴鲁3号车手傅军飞夺得国际组车手杯冠军。

图6.20 汽车拉力锦标赛

赛前,比赛当地下起的大雨迫使组委会对比赛的里程进行了压缩。在这两个赛段里,斯巴鲁中国拉力车队的主力车手马克希金斯始终没有给对手太多的机会,最后以1小时55分56秒1的成绩轻松夺得全场冠军。"能够赢得今年的冠军我感到非常开心,这场比赛我们的赛车表现非常完美,但是比赛却是艰难的,一会儿高温一会儿低温,时而晴朗时而下雨,因此能取得这个结果也是对车队辛勤工作的回报。"马克希金斯还表示贵州的赛道正是自己所喜欢的赛道,所以跑得很有感觉。

获得中国车手季军兼国际组车手杯冠军的傅军飞在最后一天的比赛中,一直保持着稳定的节奏,在队友出现意外的情况下,为车队拿下了宝贵的 12 个积分。如图 6.21 所示,"能够以这个成绩完成比赛自己觉得还是满意的,队友李微遭遇爆胎之后我就要稳定,车队收获了全场冠军和车队冠军是一个不错的成绩。对我来说,这场比赛是第一次驾驶 R4 赛车,因此有很多东西是在学习和适应,我相信下场比赛会更好。"傅军飞在赛后如此表示。

图 6.21　冷水河锦标赛

因为在最后一个赛段爆胎错失国内冠军的李微仅排第 5 名,赛后他的心情显得很平静,"这一站表现得还是不错的,可惜先是在上午的赛段被压了近三公里,最后一个赛段又出现了爆胎的意外。希望下一站怀柔的比赛能够有好运气吧。"

作为中国汽车拉力锦标赛的卫冕冠军,斯巴鲁中国拉力车队用出色的团队能力在新赛季取得了一场开门红,车队经理黄卫在赛后表示这一站的成绩达到了预期,希望在后五个分站中,车队仍然能够保持着这种胜利的节奏。

课后练习

1. 国际上著名的拉力赛有哪些?
2. 国际汽车联合会(FIA)组织的拉力赛主要有哪些?
3. 汽车拉力锦标赛的赛车按照改装等级如何划分?

任务 6.4　勒芒 24 小时耐力赛

6.4.1　勒芒赛

耐力赛也称 GT 赛,是汽车场地比赛的一种,是长时间耐久性汽车比赛。比赛车辆分旅行车和运动原型车两类,并根据发动机的工作容积分为若干级别。较著名的比赛有法国勒芒 24 小时耐力赛、日本铃鹿 8 小时耐力赛。

勒芒(Le Mans)位于法国巴黎西南约 200 km,是一个人口约 20 万的小城。这个小城能够闻名于世主要是因为自 1923 年开始,每年 6 月份都要在这里举行 24 h 世界汽车耐力锦标赛。如图 6.22 所示,比赛一般从第一天下午的 4 点开始,一直持续到次日的下午 4 点,历时 24 h。勒芒大赛是世界上是最负盛名的汽车耐力赛。它的环形跑道全长 13.5 km,其中绝大部分是封闭的公用高速公路,赛车在其 2/3 的路段上速度达到 370 km/h 左右。在 24 h 的比赛中每部赛车由三名赛车手分别驾驶,采用换人不换车的方法,每人连续驾驶时间不超过 4 h,所有的加油、换胎和维修时间都包括在 24 h 以内。最后,行驶里程最多的赛车获胜,一般一昼夜下来,成绩最好的赛车行驶里程将近 5 000 km。

图 6.22　法国勒芒 24 小时耐力赛

由于勒芒耐力赛是全球各种耐力赛时间最长的比赛,而且选手驾车在同一环形赛道上要不停地转上 300 多圈,比赛显得单调、乏味。不论车手、维修人员还是观众,在下半夜的时候都会显得疲惫不堪。大多数观众是带着宿营车或帐篷前来观战的,赛场旁的 30 个大型停车场每次比赛都停满了近 10 万辆汽车。赛场周围还有设施齐备的餐饮、娱乐和休闲场所以及销售仿制的各大车队服装、帽子的铺位,让车迷们在这里如同过节一样。观众可以在餐厅里一边吃着可口的食物,一边观看窗外时速达到 300km 以上的赛车飞驰而过,这也堪称赛车界里独一无二的风景。

1. 勒芒赛简介

勒芒(Le Mans)位于法国巴黎西南约 200 km 处,是一个人口约 20 万的商业城市。这个小城市之所以能够闻名于世界,主要是因为每年 6 月举行的勒芒 24 小时耐力赛(法文为 24 Heures du Mans)。如图 6.23 所示,勒芒 24 小时耐力赛同世界一级方程式锦标赛(F1)、世界汽车拉力锦标赛(WRC)并称为世界最著名和最艰苦的三大汽车赛事。自从首届比赛于 1923 年举行以来,除了二战前后的几年以外(1936 年,1940—1948 年未举行),勒芒耐力赛从未间断过。

图 6.23 奥迪第 7 次夺冠法国勒芒 24 小时耐力赛

2.汽车耐力赛分组规则

参加世界汽车耐力锦标赛(World Endurance ChamPionship)的车型主要是 C 组运动原型(Sports Prototype)车。此种车可乘 2 人,轮番驾驶。而赛车可分为 2 个级别:LMP 和 GT 组。LMP 又按照速度、重量等因素分为 LMP1 和 LMP2。同样 GT 组分为 GT1 和 GT2 组。

3.耐力锦标赛的赛程

耐力锦标赛的赛程主要有 1 000 km、1 610 km、5 000 km 和 8 050 km,以时间计有 6 h、12 h 和 24 h;其中以 1 000 km 汽车大赛和勒芒 24 小时汽车耐力大赛最为著名。从 1984 年开始,FISA 规定,C 组车车重不低于 850 kg,对于 100 km 赛程耗油量不超过 60 L。1992 年,FISA 又规定 C 组车一律采用无增压发动机,一般赛程为 480 km。汽车耐力赛对汽车的性能和车手的耐力都是极大的考验,这是一项艰苦的比赛。

勒芒大赛在世界上是最负盛名的汽车赛事之一,胜过其他任何汽车大奖赛,如图 6.24 所示,因为一般耐力赛只有 500～1 000 km,而勒芒约 5 000 km。也有人说它是大规模组织起来的赌博,以牺牲许多人的生命为代价来提高几个汽车制造厂家的名气。不管勒芒的赛道多么艰险,也不管历史上发生过多少悲剧,每届勒芒大赛都在六月份如期举行。一些汽车厂家不惜耗资数百万美元,想在这项大赛中取胜,谁也不肯轻易放过利用这项大赛来提高公司声誉的机会。

勒芒大赛对汽车的速度和耐力都是最严峻的考验。

图 6.24 奥迪

课后练习

1. 耐力赛的比赛车辆有哪几类？
2. 勒芒24小时耐力赛都有哪些冠军？
3. 耐力锦标赛的赛程分为哪些？

任务6.5 场地越野赛

6.5.1 场地越野赛

"场地越野赛"如图6.25所示，就是指在规定的封闭的场地内仿效大自然的各种越野路况设计若干个障碍，赛车要克服所有障碍到达终点的越野竞速比赛。

场地越野赛通用规则大致是：以用最短时间跑完规定圈数的为第一名；由于它的比赛场地集中，比赛场面更为精彩，而且同场竞技更能考验车手的驾驶技巧和心理素质，赛车中有1名驾驶员和1名副驾驶员，副驾驶员通常负责陷车自救。场地越野赛以竞争激烈，速度快而带来的强观赏性吸引了无数车迷的眼球，同时他也是长距离赛事的准备和选拔赛。汽车场地越野赛也是汽车比赛中最富观赏性的赛事之一。

图6.25 场地越野赛

1. 场地越野的赛道类型

汽车场地越野赛的赛道很特别，场地是精心设计出的各种高难度路况。赛道全程分设十几处障碍点，包括泥浆路、V形弯道、烂路、U形坑、深水坑、单边桥、S形沙坑、侧沙、连续高坡、鱼鳞路、双边桥、连续弯路、碎石路、浅水坑、Z木、连续坑位、飞越平台、炮弹坑、峡谷。

V形弯道：经过这里赛车的轮胎会在高速转动中与木桩擦出呛人的蓝烟和刺眼的火花，足见这个障碍的凶险。在双边桥和单边桥上，汽车一旦掉下去，就不得不被吊车"叼"出来。

深水坑：就是一个大泥塘，它对于车辆的防水性有很高的要求，如果车队赛前准备不够充足，比赛时会因淤泥的纠缠而陷入其中。

Z木地形:过Z木时一前一后都有阻力,需要借助弹力技巧性地通过。

驼峰:过此处车速需要控制得当,太快就会飞出去,太慢车子过不去,这里十分考验车手的技术以及车子的灵敏度。因此要成功突破这些难度极大的障碍,考验的是车手的技术和心理素质、技术水平以及赛车的性能。

2. 汽车比赛的通用旗语

比赛中裁判有可能出示部分汽车比赛的通用旗语,旗语表示的功能如下:

黄旗:表示比赛前方发生事故或出现危险情况,需立即减速慢行。

绿旗:发车旗。

红旗:表示比赛中止或终止。

黑白方格旗:赛车达到冲刺点时使用。

标记牌:在设有标志牌的地方,必须按标志牌的指示行驶。

减速障碍:故意冲撞减速障碍者,将受到仲裁委员会的处罚。

警戒带:在设有警戒带的地方,必须在警戒带内行驶,否则将受到仲裁委员会的处罚。

6.5.2 中国场地越野赛

5月14日至16日,2014全国汽车场地越野锦标赛(COC)广西柳州站即将展开为期三天的激烈争夺,如图6.26所示,猎豹汽车华南虎车队正式组建了七名车手的强大阵容出征揭幕战,鹿丙龙、樊晓、梁永成、高健雄、张义和孙楠等六名车手将以猎豹汽车车队、猎豹汽车华南虎车队分别参加汽油组厂商杯和俱乐部杯,而刘万灿则作为新秀车手参与新秀组的角逐。

图6.26 猎豹军团出征COC柳州站

自2004年组建以来,猎豹汽车华南虎车队已经征战全国汽车场地越野锦标赛十个年头,是中国越野赛场最成功的职业赛车队,取得无数个冠军的头衔。此次出征2014全国汽车场地越野锦标赛揭幕战,猎豹汽车华南虎车队的目标仍然直指组别冠军。

随着中国汽车运动的高速发展,近两年的全国汽车场地越野锦标赛的整体竞技水平有了非常大的提升,猎豹汽车华南虎车队面临着越来越多的夺冠对手。不过,车队负责人徐伟瑜也表示华南虎车队作为一支老牌车队,要相信自己的实力,沉着应战,只要努力一定会有所收获。

作为过去十年称霸越野赛场最久的汽车厂商车队,猎豹汽车通过汽车运动营销大大提升了品牌认知度和产品美誉度,更是使得猎豹黑金刚、猎豹CS6等车型成为越野爱好者眼中的明星。

5月14日,2014全国汽车场地越野锦标赛(COC)广西柳州站将展开首轮预赛的争夺,猎豹汽车华南虎车队的七名车手已经做好了准备,以最好的状态迎接新赛季的到来。

课后练习

1. 汽车场地越野赛是在封闭的赛道是如何设计的?
2. 你所知道的场地越野赛都有哪些?
3. 场地越野赛运动员凡符合竞赛规程要求的选手有哪些义务和权力?

扩展阅读

"当代著名赛车名将"

"赛车之父"—恩佐·法拉利

简介

中文译名:恩佐—法拉利

英文译名:Enzo Ferrari

国籍:意大利

出生地:意大利北部莫德拉(Modena)

恩佐·法拉利(Enzo Ferrari)如图 6.27 所示,1898 年 2 月 18 日至 1988 年 8 月 14 日,意大利著名的法拉利汽车公司的创始人之一,现代汽车工业的先驱者之一,人称"赛车之父"。

法拉利汽车公司的创始人,就像奔驰(本茨)、福特、保时捷等人一样,在汽车制造业也享有"赛车之父"的盛誉。恩佐·法拉利一生致力于提高赛车性能。他是一个孤僻的人,却能够激励周围每一个人,让他们为了他的目标而各显其能。因为哺育了他,他的故乡在某种意义上,已经成为全球高性能汽车领域的首府。

图 6.27 恩佐—法拉利的青年肖像

恩佐·法拉利是一位铁匠之子。法拉利的父亲后来成立一座引擎维修工厂,他们父子都曾经参加早期在意大利举行的汽车竞赛。他想要成为赛车手的渴望很早便已萌芽。由于父亲死亡而迫使法拉利辍学,开始赚钱养活自己,法拉利的第一份工作是车床技师,生活困苦,几年后第一次世界大战爆发,法拉利入伍,1918 年大战结束,刚退伍的他找到试车手的工作,而后转往米兰的 CMN 从事赛车手兼试车手的工作。

他的赛车生涯始于 1919 年的 Parma—Berceto 大赛,同年进入 Targa Florio 车队,1920 年转入 AlfaRomeo 而且往后 20 年与 Alfa Romeo 建立良好关系,从试车手到赛车手再到销售助理,最后 1939 年担任 Alfa 赛车部门的董事。

1919 年,法拉利驾驶一辆 CMN 的汽车,在一项名为柏塞托帕马雷久(Parma—Reggio de Berceto)的爬坡赛中,赢得第四名。那一年,他也首次晋级 Targa Florio 越野大赛。

次年,恩佐·法拉利加入阿尔法·罗密欧公司,成为工厂赛车手,并且在当年为阿尔法·罗密欧在 Targa Florio 大赛中赢得第二名。阿尔法·罗密欧很快就明白恩佐·法拉利不仅是一个优秀的驾驶,更是一位深具潜力的行政管理人,所以在以后几年的时光中,恩佐·法拉利为阿尔法·罗密欧经营车队,然后在 1929 年离开该公司,成立自己的史卡得利亚·法拉利(Scuderia Ferrari)公司。如图

6.28所示,也就是在这段时间,法拉利首次将"跃马"这个标志固定在自己的赛车上。非常明显的,这是因为他有个兄弟曾经是斯夸德里格利亚(Squadriglia)9la 飞行中队(第一次世界大战期间,驾驶斯佩德 Spad Sl3s 战斗机的飞行中队)的一员,跃马图案曾经出现在他们的飞机上。

第二次世界大战即将结束之前,法拉利旗下有 200 多位工人,而他也拥有 20 年担任赛车手、车队经理和制车厂长等职务的工作经验。法拉利确信赛车竞赛中的胜利,将会推动轿车的销售量;也就是这种观点,使得他的同名汽车公司于 1947 年诞生。在半世纪后的今天,GP 大赛中仍然可见法拉利汽车的身影,而且在一级方程式车赛中,他们是唯一使用原厂引擎作为赛车动力的参赛者。如图 6.29 所示,在这段时间,法拉利赛车几乎宰制半数以上的比赛。

图 6.28　法拉利标志

图 6.29　1950 年 375 型 F1 赛车

当时他已经主导赛车界近七十年,他所产制的汽车曾赢过世界各地的五千多项赛事,而且曾经囊括 25 项世界冠军。如图 6.30 所示,恩佐·法拉利在跑车赛的成功几乎众所皆知。在意大利,赢得家乡主场的胜利是非常重要的,而一向以"车队指挥"闻名的恩佐·法拉利,很早就现身赛车界,而且法拉利的车手经常名列前茅。他们在 1948、1951、1958、1961、1962、1965 和 1972 等年,赢得向以竞争激烈闻名于世的 Targa Florio 大赛;而从 1948~1953 年这段期间,以及 1956~1957 年这两年,他们也每年赢得 Mille Miglia(千公里赛车)的胜利。而且欧洲的每一项主要车赛,法拉利车手也几乎都曾夺冠。

正是恩佐·法拉利的不懈坚持,才缔造出今日辉煌的法拉利王朝。

图 6.30　F2000 型 F1 赛车

课后小结

1. 1894年6月11日由法国《小人物》杂志在巴黎举办了第一次赛车会,从巴黎出发经里昂又返回巴黎,赛程126km,共有102辆车参赛,被公认为汽车运动的诞生日。

2. 1904年6月10日,由法国、英国、德国等欧洲国家发起,在巴黎成立了国际汽车联合会(Federation Internationale de l'Automobile,FIA),简称国际汽联,总部设在巴黎。

3. 赛车运动类别划分可取决于诸多因素,如:按照车型的不同、按照比赛的场地和路面不同、按照比赛的方式等。

4. F1锦标赛是世界汽车场地赛项目中级别最高的,也是最引人注目的体育比赛项目之一,了解F1的赛车、F1车手、F1车队、F1赛道、F1比赛规则。

5. 汽车比赛还有汽车拉力赛、勒芒24小时耐力赛、越野场地赛、卡丁车赛等。

模块 7

汽车未来

【教学目标】

1. 了解汽车动力技术及安全技术。
2. 了解汽车智能技术及娱乐技术。
3. 了解汽车环保技术及新技术。

【课时计划】

序号	任务内容	参考课时	备注
任务 7.1	汽车动力技术	1	
任务 7.2	汽车安全技术	1	
任务 7.3	汽车智能技术	1	
任务 7.4	汽车娱乐技术	1	
任务 7.5	汽车环保技术	1	
扩展阅读	汽车新技术		

> 情境导入
>
> 汽车技术日新月异,而作为汽车的心脏——发动机技术的进步显得更受关注。如今介绍一辆汽车的发动机时,可变气门正时技术、双顶置凸轮轴技术、缸内直喷技术、VCM汽缸管理技术、涡轮增压技术等都已经运用的相当广泛;在用料上也是往轻量化的方向发展:全铝发动机目前的应用已经非常广泛;汽车的污染也是不可避免,于是新能源技术,包括柴油机的高压共轨、燃料电池、混合动力、纯电动、生物燃料技术也已经有普及的趋向,但回顾一下发动机的历史或许更能理解这一百多年来汽车技术所发生的巨大变革。

任务 7.1 汽车动力技术

7.1.1 汽车动力技术发展史

汽车技术的迅猛发展从我国的汽车教材也能看出端倪:新技术的发展已经让汽车教材难以跟上步伐!如今大部分汽车教材还是以东风汽车的发动机来作为范例,而东风发动机还是带化油器的老式发动机,与如今全电子化的发动机简直就隔了几个世纪。

回到汽车的起步阶段,那时的汽车被马车嘲笑,污染严重,但起步的意义却非同寻常。

1. 汽油机之前的摸索阶段

18世纪中叶,瓦特发明了蒸汽机,此后人们开始设想把蒸汽机装到车子上载人。如图7.1所示,法国的居纽(N.J. Cugnot)是第一个将蒸汽机装到车子上的人。如图7.2所示,1770年,居纽制作了

图 7.1 蒸汽机汽车

一辆三轮蒸汽机车。这辆车全长 7.23 m,时速为 3.5 km,是世界上第一辆蒸汽机车。1771年古诺改进了蒸汽汽车,时速可达 9.5 km,牵引 4~5 t 的货物。

1858年,定居在法国巴黎的里诺发明了煤气发动机,并于1860年申请了专利。发动机用煤气和空气的混合气体取代往复式蒸汽机的蒸汽,使用电池和感应线圈产生电火花,用电火花将混合气点燃爆发,这种发动机有气缸、活塞、连杆、飞轮等。煤气机是内燃机的初级产品,因为煤气发动机的压缩比为零。

1867年,德国人奥托(Nicolaus August Otto)受里诺研制煤气发动机的启发,对煤气发动机进行了大量的研究,制作了一台卧式气压煤气发动机,后经过改进,于1878年在法国举办的国际展览会上展出了他制作的样品。由于该发动机工作效率高,引起了参观者极大的兴趣。在长期的研究过程中,奥托提出了内燃机的四冲程理论,为内燃机的发明奠定了理论基础。德国人奥姆勒和卡尔·本茨根据奥托发动机的原理,各自研制出具有现代意义的汽油发动机,为汽车的发展铺平了道路。

1892年,德国工程师狄塞尔根据定压热功循环原理,研制出压燃式柴油机,并取得了制造这种发动机的专利权。

2. 奔驰的单缸二冲程汽油发动机

1886 年被视为汽车的诞生日,那辆奔驰一直为人所津津乐道,如图 7.3 所示。但是其动力单元却实在"寒酸":第一辆"三轮奔驰"搭载的卧式单缸二冲程汽油发动机,最高时速 16 km/h。这就是第一辆汽车的发动机,那时勇敢卡尔奔驰的夫人驾驶这辆奔驰 1 号上坡还需要儿子推车,当然沿途不停地熄火,转向也不灵,100 km 的路程硬是走了一整天。

图 7.2 N.J.Cugnot

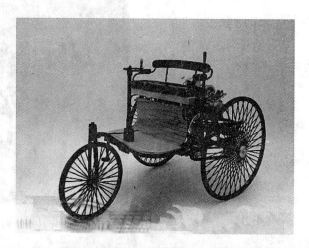

图 7.3 奔驰 1 号上用的是二冲程发动机

3. 四冲程发动机的应用

四冲程发动机其实早就由德国人奥托研制出来了。但应用在汽车上不得不提戴姆勒,他由于协助奥托研制四冲程发动机的原因而成为第一个将四冲程发动机装上汽车的人。如图 7.4 所示,显然,从四冲程到二冲程是个巨大的进步。四冲程发动机的平衡性与燃烧效率都更加好。如今的汽车发动机技术大部分用的是四冲程技术。而在发动机的基本运行方式确定后,却有人又向传统发出了挑战。

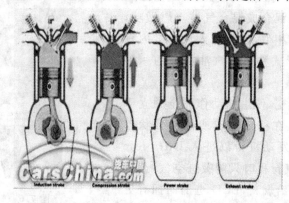

图 7.4 四冲程发动机工作图

4. 转子式发动机

1957 年,德国人汪克尔发明了转子活塞发动机,这是汽油发动机发展的一个重要分支。转子发动机的特点是利用内转子圆外旋轮线和外转子圆内旋轮线相结合的机构,无曲轴连杆和配气机构,可将三角活塞运动直接转换为旋转运动。它的零件数比往复活塞式汽油少 40%,质量轻、体积小、转速高、功率大。1958 年汪克尔将外转子改为固定转子为行星运动,制成功率为 22.79 kW、转速为 5 500 r/min 的新型旋转活塞发动机。该机具有重要的开发价值,因而引起各国的重视。日本东洋公司(马自达公司)买下了转子发动机的样机,并把转子发动机装在汽车上,可以说,转子发动机生在德国,长在日本。如图7.5所示,如今转子发动机依然只是马自达一家公司在用,不知道马自达这门独门技术何时能全面开花。

发动机的工作形式确定后,就是发动机技术的完善了,随着时间的推移,好多发动机的经典设计都已经不能满足人们的需求了。

图7.5 马自达坚持的转子发动机

7.1.2 汽油机缸内直喷技术 GDI(Gasoline direct injection)

缸内直喷汽油发动机与一般汽油发动机的主要区别在于汽油喷射的位置,如图7.6所示,目前一般汽油发动机上所用的汽油电控喷射系统是将汽油喷入进气歧管或进气管道上,与空气混合成混合气后再通过进气门进入气缸燃烧室内被点燃做功;而缸内直喷汽油机是在气缸内喷射汽油,它将喷油嘴安装在燃烧室内,将汽油直接喷注在气缸燃烧室内,空气则通过进气门进入燃烧室与汽油混合成混合气被点燃做功,这种形式与直喷式柴油机相似,因此有人认为缸内直喷汽油机是将柴油机的形式移植到汽油机上的一种创举。

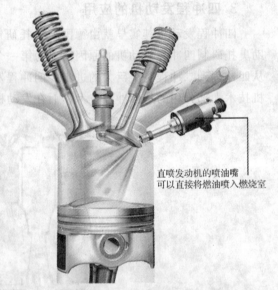

直喷发动机的喷油嘴可以直接将燃油喷入燃烧室

直喷汽油机的构造改变,使供油动作完全独立于进气门与活塞系统之外。在稳定运转或低负载状态下,采用缸内直喷设计的发动机得以进入 Ultra lean(精实)模式,发动机于进气行程时只能吸进空气,至于喷油嘴则在压缩行程才供给燃料,ECU 也因而拥有更多的主导权。超乎传统喷射理论的稀薄燃烧与更多元的混合比得以实现,使经济性、动力性和排放特性都得到了进一步的提升。

图7.6 缸内直喷示意图

总之,缸内直喷技术的优势就在于利用自主性极高的喷油系统,来创造出低速节能、中速减污与高速强悍三者兼具的高性价比的汽油发动机。缸内直喷的原创是日本三菱汽车。该公司在1996年曾以代号4G93的直列四缸发动机为蓝本,使用了副名为GDI(Gasoline direct injection)的动力系统,并装置于该厂 Galant/Legnum 车系上,随后成功销往欧洲,并出售技术予PSA集团。

到了2001年,大众集团也发展出独有的FSI(Fuel Stratified Injection)缸内直喷系统。近些年,美国的通用、福特以及日本丰田、日产等厂家,也都陆续有相关作品问世,让缸内直喷系统的普遍性日渐提高。

课后练习

1. 汽车发明之初的三种动力装置有哪些？
2. 请简述可变配气正时技术 VVT(Variable Valve Timing)。
3. 请简述废气涡轮增压技术 VTG(Variable Turbine Geometry)。

任务 7.2 汽车安全技术

汽车安全被分为主动安全和被动安全，而随着技术的发展，汽车安全不局限于主动安全或被动安全。比如奔驰在2002年推出的 PRE-SAFE 预防性安全系统不但能够提前检测到某些紧急驾驶情况，并会在事故发生后做出反应以降低损失；另外丰田的 G-BOOK 系统、通用的 Onstar 系统除了主动为驾驶者提供安全服务外，更重要的是在事故发生后可以协助驾驶员第一时间求助。

1. 被动安全

车辆的被动安全系统归纳起来可分为安全车身结构和乘员保护两大类，其中安全车身结构主要是为了减少一次碰撞带来的危害，而乘员保护系统则是为了减少二次碰撞造成的乘员损伤或避免二次碰撞，如图 7.7 所示。

我们常说的安全带、安全气囊、儿童安全座椅、转向系防伤机构等等都是被动安全装置。

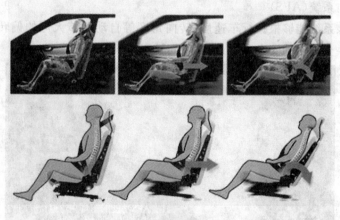

图 7.7 乘员头颈保护系统

2. 主动安全

通常，汽车主动安全系统可分为车轮防抱死制动系统、电子控制制动系统、驱动防滑系统、电控悬架系统、电控动力转向系统、车辆动力学控制系统等多项控制技术系统。由于主动控制系统所涉及的装置较多，在此只简单介绍部分技术，更多的内容将在各个品牌的文章中详细谈到。

(1) 车轮防抱死制动系统(ABS)

车轮防抱死制动系统通过将制动器制动力调节到适应路面所能提供轮胎的附着力,达到防止车轮在紧急制动期间抱死的目的,防止车辆侧滑和甩尾。

(2) 牵引力控制系统(ASR)

其作用是当汽车加速时将轮胎滑动率控制在一定的范围内,从而防止驱动轮因为滑动而损失动力或因为过大动力输出造成一些安全问题。它的功能一是提高牵引力;二是保持汽车的行驶稳定。行驶在易滑的路面上没有 ASR 的汽车加速时驱动轮容易打滑;如是后驱动的车辆容易甩尾,如是前驱动的车辆容易方向失控。有 ASR 时,汽车在加速时就不会有或能够减轻这种现象。

(3) 电子稳定控制系统(ESP)

电子稳定控制系统其实就是牵引力控制系统的升级版本,牵引力控制系统只对驱动轮的动力输出进行控制,而电子稳定控制系统则会对四个轮子都进行控制。电子稳定控制系统是通过对四个车轮进行必要的制动来达到稳定车身的目的,如图 7.8 所示。

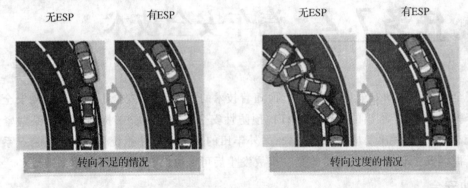

图 7.8 有无 ESP 的对比

(4) 自适应定速巡航系统

为速度控制系统,自动驾驶系统等。其作用是:按司机要求的速度合开关之后,不用踩油门踏板就自动地保持车速,使车辆以固定的速度行驶,并具有"跟车"功能,与前面的车自动调整跟车距离和速度,确保有一定的安全距离范围。

(5) 灯光随动转向系统(AFS)

如图 7.9 所示,该系统能够根据行车速度、转向角度等自动调节大灯的偏转,以便能够提前照亮"未到达"的区域,提供全方位的安全照明,确保夜间转弯行车的安全。

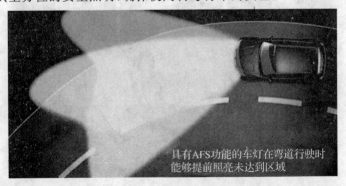

图 7.9 灯光随动转向系统

当然,汽车安全的装备远远不止这些,以上只介绍了最为常见的安全装置,除了以上谈到的应用相对较广的主动安全系统,奥迪的侧向辅助系统、奔驰的注意力辅助系统、沃尔沃的城市安全系统、宝马的平视显示系统(图 7.10)等等都将是后期关注的重点。

图 7.10 沃尔沃的城市安全系统——低速自动刹车

课后练习

1. 请简述你知道的一项汽车安全技术。
2. 请简述主动安全系统与被动安全系统的区别。

 任务 7.3　汽车智能技术

1. 自动泊车技术

应用品牌：福特、沃尔沃

自动泊车系统可以算是自动驾驶技术体系的组成系统之一。如图 7.11 所示，福特、沃尔沃等大型车企均推出了类似的技术，甚至连零部件厂商采埃孚也推出了其泊车应用。福特的全自动泊车辅助使用超声波传感器，当车速在 18 km/h 及以下时，扫描停车位的垂直和对角线位置，给司机足够的反应时间以免开过头越过了停车位。司机可以在车内或车外，通过遥控装置控制车辆。配备全自动泊车辅助的车辆会自动进行转向、加速、制动，根据摄像头、传感器相关的引导系统自动将车辆驶入停车位内。"想象一下你正驾车进入一个停车场，而停车位仅剩最后一个，当停入车辆后没有空间打开车门"，福特发言人 Scott Fosgard 在一次记者会中说："在这种情况下，这（全自动泊车辅助）将帮助司机'脱困'，司机无需在车内，车辆可以 100% 自动驶入或驶出停车位。"

图 7.11 自动泊车系统

2. 智能手表

应用品牌：奔驰

奔驰在 2014 消费电子展上推出了 Pebble 智能手表产品，并推出了与之匹配的 Digital DriveStyle 应用程序。如图 7.12 所示，Pebble 智能手表相当于司机智能手机的"第二块显示屏"。这款创新的可佩戴设备揭开了互联汽车全新的配置方式。例如，当司机在车辆外时，能够从 Pebble 手表中获取燃油剩余量、车门锁止情况、车辆位置等信息。当司机在车内时，手表显示屏将自动转换，通过 V2V 技术，能够提醒司机前方路况并发出振动提示。另外，用户可以根据自己的喜好通过不同的按钮来激活 Digital DriveStyle 的功能，例如报告事故、路线规划、Siri 语音系统激活、远程多媒体控制以及展示周边道路情况等。

图 7.12 智能手表

3. "司机意识探索"技术

应用品牌：丰田

2013 年洛杉矶车展上，丰田推出了一款"司机意识探索"概念车 DAR-V。如图 7.13 所示，通过这款车的侧窗玻璃上安装的触控屏，司机能够在出发之前就获得交通、天气、预约等信息，甚至会将路段中经过的加油站位置标记出来。通过遥控器能够在车窗显示屏上对出行途中的多项计划任务进行规划。丰田表示，将这些"日常任务"在司机进入汽车之前就全部规划完毕，那么司机就能更专注于驾车的过程。这项技术的目的不仅是将事故发生时的损害降到最低，还要从源头杜绝事故发生的可能性。其正在通过全新的技术途径，将司机在驾驶时分心的几率降到最低。

图 7.13 概念车 DAR-V

4. 短信锁定系统

在车内娱乐信息技术飞速发展的同时，如今驾驶分心的隐患逐渐显现。斯普林特公司已对驾驶时收发短信的问题关注很久，其推出了一款创新工具，能够在车辆行驶途中锁定短信功能。如图 7.14 所示，该装置通过车载 OBD Ⅱ 诊断接口插入车辆面板。其能够锁定与车载系统所连接的智能手机的短信与网页浏览功能。此时如果手机接收到短信，将会进行储存，车主在停车时可以进行阅读。另外，车主可对该装置进行设置，例如自动回复"我现在正在开车，稍后将回复"等语句。这项系统最大的优势在于它是直接插接在车载 OBD Ⅱ 接口上，而不是一款手机应用，因此也无需担心电量不足。此外，其将保持"常开"状态，用户无法关闭或禁用它。

图 7.14 短信锁定系统

5. 手势识别/体感技术

前不久，谷歌宣布申请了一种基于手势的自动驾驶汽车专利。如图 7.15 所示，这进一步推动了自动驾驶汽车的应用步伐。该项基于手势的自动驾驶汽车专利可以像 Kinect 工作原理一样根据驾驶员的手势调节空调风扇转速、空调温度、收音机音量、雨刮、驾驶员座椅以及车窗玻璃位置等。该技术来源于创新公司 Flutter，目前已被谷歌收购。此自动驾驶汽车手势系统至少包含一个安装在汽车内饰顶部的三维纵深相机和一个激光扫描仪，以时刻检测记录驾驶员的手势变化。此自动驾驶汽车手势系统的手势感应区域是特定的。通过在通风口处上下滑动便可以实现对风扇转速的控制，左右滑动便可以控制温度的变化；轻轻拍打音箱可以调低收音机音量，而将手指举高并放置在耳朵附近便可以彻底关闭影音系统。

图 7.15　手势识别/体感技术

6. 联运导航系统

应用品牌：宝马

宝马与 INRIX 公司近期宣布，将为宝马 i3 和 i8 车型搭载首款车内"联运导航"（Intermodal Navigation）系统如图 7.16 所示。联运导航系统会根据实时交通路况做出分析，当周围交通极度拥堵时，会提醒司机采用更便捷的交通方式到达目的地。除此以外，系统还会将离当前位置最近的公交站标明。在提供可选公共交通的同时，会将公交班次表与当前时间对比，从而为司机提供最节省时间的方案。除了能够规划路线和提供可选的公共交通方案

图 7.16　联运导航

之外，INRIX 公司还为 i3 与 i8 车型提供 INRIX EV 服务。这项服务能够让司机获知当前位置与目的地间的距离，根据车内电池的剩余量、地形和拥堵情况提供最优化的路线方案，并标注出沿途中存在的充电站位置。

7. 激光大灯系统

应用品牌：宝马、奥迪

宝马此前宣布将在宝马 i8 上首次采用激光大灯技术，无独有偶，奥迪在最近也发布了其搭载激光大灯技术的 Sport quattro laserlight 概念车。如图 7.17 所示，激光大灯发出的光线与传统灯光不同，它是一种单色光——与其他光线相比其光线只有一种波长。这意味着更强的光照强度和聚光性能。宝马申称激光大灯的光照距离最远可达 600 m，为 LED 灯的 3 倍。由于激光的高效特性，其输入端所需能量更小，也就意味着车辆电器系统的能耗更低。相比 LED 灯中的方形发

图 7.17　激光大灯

光模块,激光大灯中的发光模块体积仅为其百分之一,为大灯的结构设计提供了更多的可变性。

奥迪 Sport quattro laserlight 概念车的前大灯系统更是将矩阵式 LED 技术与激光技术相结合,并采用双灯组,如图 7.18 所示,外侧灯组通过矩阵式 LED 及多孔障板产生近光,而内侧灯组则采用激光作为远光。性能强大的激光二极管(LD)直径只有几微米,尺寸明显小于 LED,但激光远光灯的照射范围可达 500 m,大约是 LED 远光灯的两倍,而亮度大约是后者的 3 倍。

8.司机健康检测技术

应用品牌:福特、丰田

近期的道路安全调查显示,美国的撞车事故

图 7.18 概念车前大灯

和事故引发的死亡人数均多于以往;其中部分原因是司机突发的健康状况。如图 7.19 所示,部分汽车制造商对此提出了解决构想是:研发汽车健康监测功能,诊断司机的健康状况,在司机出现突发健康问题时,及时发送提醒或送至医院进行救援。福特 S—Max 概念车就具备此类的智能功能,能够诊断车主的心跳速率和血糖水平。

图 7.19 司机健康检测技术

丰田工程师 Hideki Hada 透露,未来汽车的另外一个可能功能是监测司机的脉搏。目前汽车行业在这方面仍处于试验阶段,主要设想是通过司机握方向盘的手来读取脉搏数。"在某些情况下,这种方式并不适用,比如司机带着手套、司机习惯不断改变手握的位置、周围的环境持续变化等。"

课后练习

1.课后查阅资料叙述一款车辆的新的智能技术。
2.请简述汽车智能技术发展趋势。

任务 7.4　汽车娱乐技术

7.4.1　汽车收音机的发展史

1. 收音机时代

收音机作为一件影响人类发展进程的发明创造，它也是车载娱乐信息设备的鼻祖。随着1923年美国首先出现了装配无线电收音机的轿车，一个全新的时代就此开启，人们由此进入了汽车娱乐的时代。应该说，在收音机被安装到汽车上以前，不论驾驶者还是乘坐者，闲聊或是观看窗外风景是他们在驾乘时唯一可以选择的娱乐方式，而收音机的到来彻底改变了这样的状况，娱乐成为汽车生活中的重要组成部分。如图7.20所示，虽然车载娱乐信息系统几经变化，但它依旧是汽车不可或缺的部分。

图 7.20　车载收音机与卡座

2. 卡座时代

1963年是一个里程碑式的时间节点，在这一年荷兰飞利浦公司发明了盒式（卡式）磁带，作用一项对人类生活影响深远的发明，盒式磁带连同盒式磁带录音机已经成为人类生活中永不磨灭的印记。在盒式（卡式）录音机发明不久之后，车用盒式（卡式）收放两用机出现在轿车上，至此一个盒式（卡式）收放两用机及一对扬声器为基础组成的轿车音响成为车载娱乐信息设备的标准配置，并且这样的状况一直延续到了20世纪80年代末。

3. 数字时代

随着技术的发展，在上世纪90年代，人类迎来了数字时代，以CD、VCD等为代表的数字娱乐设备相继面世。如图7.21所示。由此，车载娱乐信息设备迎来了大发展时期。特别是随着近年来，DVD、GPS导航、蓝牙等多功能综合产品的出现，车载娱乐信息设备的发展正沿着多功能、网络化、智能化的轨迹演进，并且越来越高度整合。

图 7.21　车载DVD

7.4.2 汽车娱乐技术

汽车信息娱乐系统市场的增长驱动力来源于两个方面：一是全球汽车市场的迅速增长，新车销售带动了前装汽车信息娱乐系统的增长；二是汽车电子、IT 和通信技术的发展，尤其以车载芯片、蓝牙、Wi-Fi、USB、导航和远程信息处理设备等的增长，带动了汽车信息娱乐系统市场的发展。

1. 车联网

车联网主要为汽车提供通信和信息服务功能，在此基础上，为驾驶员提供紧急救援协助、实时安全检测和被盗车辆定位等功能。安吉星是全球最大的车联网提供商，在全球已经拥有 600 万的用户，已经累计为用户提供了约 2.53 亿次客户交互服务。

（1）与智能手机的连接

① MirrorLinkTM 标准。汽车互联联盟（CCC）于 2011 年推出 MirrorLinkTM 标准。它通过蓝牙、USB 和 Wi-Fi 等成熟技术，建立智能手机和车载显示器之间的双向连接，利用车载显示器、转向盘上的控制按钮和仪表板上的操作开关，来操作智能手机的功能和应用，如图 7.22 所示。

图 7.22 汽车互联联盟

② 典型产品。作为 CCC 联盟第一成员单位的阿尔派推出了采用 MirrorLink 技术的 ICS-X8 和 ICS-X7 车载移动媒体播放器，它可以调用诺基亚手机的导航软件 Nokia Drive、音乐播放软件 Nokia Music 等应用和通信功能，如图 7.23 所示，也可以通过 USB 接口连接 iPhone/iPod。MirrorLink 技术实现了车机屏幕与手机屏幕的信息同步，可以通过 7″ 的车机 WVGA 触摸屏实时显示手机屏幕的内容。

图 7.23 通讯功能

（2）人－机交互界面

传统 HMI 的简单按钮只能操作简单的功能和模式切换，已经不能适应越来越多的功能需求。现在的中级轿车不断引进彩色显示器和车载电脑设备，推动 HMI 已经发展成以旋转按钮和四方向箭头的模式，用于在汽车环境内模拟鼠标操作，来调用车载显示器上的各种功能。

传统的汽车转向盘上只有喇叭按钮。为了帮助驾驶员在开车过程中,双手不离开转向盘来操作汽车信息娱乐系统,现代的汽车转向盘上增加了选曲、音量调节、音源切换和接听挂断车载电话按钮等。

(3)显示系统

①虚拟仪表。虚拟仪表的主要特点是在固定的位置上可以通过切换屏幕的方式,显示以往需要多个传统物理仪表的内容,又被称为"电子仪表"或"数字仪表"。法国汽车在虚拟仪表技术上处于领先地位。目前东风雪铁龙生产的新世嘉全系轿车采用单色虚拟仪表显示车速和发动机转速。国产自主品牌的轿车也开始采用虚拟仪表,例如荣威550采用了马瑞利开发的虚拟仪表。

②平视显示器。平视显示器(HUD)已经应用在东风标致和宝马等轿车中,如图7.24所示。它在发动机启动后自动升起,使驾驶员在开车过程中不用低头,就可以看到当前车速、自动巡航速度和GPS导航方向和离前方路口的距离等信息。

图 7.24 汽车互联联盟

③后座娱乐系统。汽车后座娱乐系统由多媒体播放机、彩色显示器、操作面板和遥控器组成。IHS iSuppli 公司的研究表明,平板电脑在汽车后座娱乐系统的应用逐渐增加。平板与智能手机的集成度类似,但屏幕尺寸较大,更适合于内容与信息娱乐消费。

汽车信息娱乐系统的发展趋势是将智能手机、平板电脑和移动互联网技术紧密结合,驾驶员和乘员收看的信息正在逐步从模拟信号向数字信号转变,使未来的汽车成为社会网络系统的一个移动节点。

驾驶员在驾驶过程中,仍然会保持与外界的双向通信交流,会在智能导航系统的帮助下,选择最佳的路径到达目的地,这些技术基础也为将来智能汽车和自动驾驶汽车奠定了基础。

课后练习

1. 请简述你喜欢的一项汽车娱乐技术。
2. 请简述你所知道的汽车娱乐技术。
3. 你认为汽车娱乐技术的发展趋势是什么?

任务 7.5　汽车环保技术

7.5.1　环保汽车三大派系

1.降低汽油发动机产生的公害,此类被视为"改进派"——汽车控制电子化与智能化。

2.改进燃料混合驱动,此类车型被称为"改革派"——油、电混合驱动;油、汽混合驱动。即变传统的汽油驱动为电、油混合驱动,并在尾气排放最严重的起步阶段利用电动发动机启动,在发动机达到一定转速后使用汽油发动机驱动。由于发动机在高速运转时燃料得以充分燃烧,尾气排放很少,从而在一定程度上减少了尾气的排放。

3.以无公害燃料电池取代了汽油燃料,此类车型被称为"取代派"——电动汽车。燃料电池车是电动汽车的一种,它利用燃料箱中氢、氧燃烧产生的能量发电驱动汽车,因而它的燃烧废物只有水,被认为是"新一代环境技术车的代表"。

7.5.2　环保汽车类型

1.混合动力汽车

混合动力汽车是任何拥有两种或两种以上动力源的汽车都是混合动力汽车,车上装有两个以上动力源,如图7.25所示,包括有电机驱动,符合汽车道路交通、安全法规的汽车。车载动力源有蓄电池、燃料电池、太阳能电池、内燃机车的发电机组等多种。当前混合动力电动汽车一般是指内燃机车发电机,再加上蓄电池的电动汽车。

图 7.25　混合动力车

优点:因为有了电池,可以十分方便地回收制动时、下坡时、怠速时的能量。在繁华市区,可关停内燃机,由电池单独驱动,实现"零"排放。有了内燃机可以十分方便地解决耗能大的空调、取暖、除霜等纯电动汽车遇到的难题。可让电池保持在良好的工作状态,不发生过充、过放,延长其使用寿命,降低成本,显著提高汽车的燃油效率,同时减少传统燃油汽车的尾气排放,克服纯电动汽车的缺点。

缺点:长距离高速行驶基本不能省油。

2. 燃料电动汽车

燃料电池是把燃料中的化学能直接转化为电能的能量转化装置,它从外表上看有正负极和电解质等,像一个蓄电池,但实质上它不能"贮电"而是一个"发电厂"如图 7.26 所示。

图 7.26　燃料电动汽车

工作原理:将氢气送到负极,经过催化剂(铂)的作用,氢原子中两个电子被分离出来,这两个电子在正极的吸引下,经外部电路产生电流,失去电子的氢离子(质子)可穿过质子交换膜(即固体电解质),在正极与氧原子和电子重新结合为水。由于氧可以从空气中获得,只要不断给负极供应氢,并及时把水(蒸汽)带走,燃料电池就可以不断地提供电能。

优点是能量转化效率高。燃料电池的能量转换效率可高达 60%～80%,为内燃机的 2～3 倍;不污染环境。燃料电池的燃料是氢和氧,生成物是清洁的水,它本身工作不产生 CO 和 CO_2,也没有硫和微粒排出,没有高温反应,也不产生 NO_x。如果使用车载的甲醇重整催化器供给氢气,仅会产生微量的 CO 和较少的 CO_2。燃料电池本身工作没有噪声,没有运动性,没有振动,其电极仅作为化学反应的场所和导电的通道,本身不参与化学反应,没有损耗,寿命长。

3. 纯电动汽车

纯电动汽车:指以车载电源为动力,用电机驱动车轮行驶,符合道路交通、安全法规各项要求的车辆,如图 7.27 所示。

图 7.27　纯电动汽车

优点:它本身不排放污染大气的有害气体,即使按所耗电量换算为发电厂的排放,除硫和微粒外,其他污染物也显著减少;纯电动汽车还可以充分利用晚间用电低谷时富裕的电力充电,使发电设备日夜都能充分利用,大大提高其经济效益。同样的原油经过粗炼,送至电厂发电,经充入电池,再由电池驱动汽车,其能量利用效率比经过精炼变为汽油,再经汽油机驱动汽车高,因此有利于节约能源和减少 CO_2 的排量。正是这些优点,使电动汽车的研究和应用成为汽车工业的一个热点。

缺点:蓄电池单位重量储存的能量太少,价格较高,且没形成经济规模。至于使用成本,有些比汽车本身贵,有些仅为汽车的 1/3,这主要取决于电池的寿命及当地的油、电价格。

课后练习

1. 请简述一款带有环保技术的汽车。
2. 现代汽车上都采用哪些减小尾气污染的技术?

扩展阅读

2014 日内瓦车展新车新技术

2014 年日内瓦车展已在 3 月 4 日开幕,其被称为"国际汽车潮流风向标"。本届车展中,各大厂商带来了多款新车及新技术,揭示了未来汽车技术与设计方向。其中,讨论度最高的当属苹果 Carplay,不过除此以外,车展中还有许多其他值得一看的新科技。

(1) 苹果 Carplay 系统:可在车载系统上映射苹果应用

司机可以通过中控台屏幕左下角专用虚拟 HOME 键和方向盘下的专用按键激活 Carplay。这套系统主要依赖声音操控,只要点击相应的服务后,其余操作将直接通过 Siri 来完成,减少了驾驶者将注意力集中在屏幕的时间,如图 7.28 所示。

(2) 日产智能后视镜:无视车内障碍物,车后路况一览无余

图 7.28 苹果 Carplay 系统

可实现液晶屏与传统屏之间的切换。该后视镜能够在必要时利用液晶屏将车后视野清晰展现,司机也可将其调整为传统后视镜。如图 7.29 所示,这款智能后视镜中集成了内置液晶显示器模块,能够在司机需要时主动激活,并在传统玻璃显示器的位置显现出来。与该系统匹配的是安装在车辆后方的高分辨率摄像头。液晶显示屏将摄像头传来的图像数据进行解码后,以更高的分辨率展现给司机。

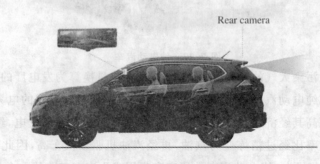

图 7.29 智能后视镜

(3)沃尔沃超大车载触控屏:利用高灵敏电容屏取代传统按钮

这款大型触控屏解决的是多数汽车显示屏存在的主要问题,即屏幕尺寸小、技术过时、人机界面一塌糊涂,如图 7.30 所示。

图 7.30　沃尔沃超大车载触控屏

对于熟悉 Windows 智能电话或 Windows8 操作系统的人来说,容易理解沃尔沃系统采用的"tiles"图块界面,屏幕被分成上下两大部分:上方是车辆信息、导航和多媒体控制,而屏幕下方是电话、应用程序和空调控制,就像汽车传统的中控台按钮布置。

(4)起亚秀尔 EV 中的全新锂电池技术:在电池保护策略上更出色

起亚曾宣布将推出秀尔电动版车型,该车单次充电最大行驶里程将达到 120 英里(约合 193 公里)。如图 7.31 所示,其中的电池组来自韩国 SK Innovation 公司。车中共有 192 块同样的聚合物电池,分装在 8 个模块中,所提供的总储容量为 27 kW·h。电池组中采用了先进的热量控制技术,保持每个电池单元以最佳的温度工作。在结构的设计上着重提升了耐撞性。电池阴极采用镍钴锰材料。

图 7.31　起亚秀尔

电池组中采用独特的安全分离器能够决定电池的充/放电速率。一旦发生碰撞事故,激烈的振动会导致电池升温甚至起火,传统电池的安全分离器在此时不能将热源与电池很好地隔离,无法保持其稳定性。秀尔 EV 中的安全分离器则能做到这一点。

一旦连入电网,车内的电池加热系统就会缓慢使电池升温,直到达到最优工作温度并维持在这一水平。因此,即便天气极度寒冷,当司机启动车辆时,电池总能保持在最佳工作状态。为了防止电池充电时间过长而发生溶胀现象,电池中还采用了过度充电保护装置。

(5)起亚全新 7 速双离合变速箱和 48 伏微混系统:优化汽车排放和传动效率

起亚在本届日内瓦车展上展示了全新的微混动力总成以及全新的 7 速 DCT 变速箱。如图 7.32 所示,微混系统中采用了 48 伏铅炭电池以及一台小型电机。该系统将在不久后搭载于起亚的汽油、柴油车型中。

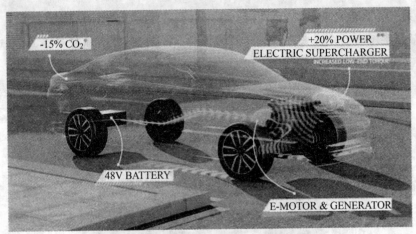

图 7.32　48伏微混系统

系统中采用铅炭电池而不是锂电池的原因在于,前者不需要对其进行主动冷却,而且在产品生命周期结束时更容易回收。最重要的一点是,铅炭电池在 0 ℃以下时的工作效率要优于锂电池。系统中铅炭电池的另一项作用是为车内的电子机械增压器提供能量,提升车辆在低速状态时的扭矩。开发这项系统的工程师认为,利用电子增压器作为过渡,可以令车内体积更大的传统涡轮增压器工作介入更迅速,并且让车辆从低速到高速过程中动力输出提升更线性。

模块 8

汽车生活

【教学目标】

1. 了解汽车驾驶的基本常识。
2. 了解常规的交通标志。
3. 掌握汽车交通法规。

【课时计划】

序号	任务内容	参考课时	备注
任务 8.1	汽车驾驶基本常识	1	
任务 8.2	交通标志	2	
任务 8.3	交通法规	1	
扩展阅读	做文明的汽车人		

情境导入

文某在营运过程中,突遇大雨,不顾警示标志行驶进入积水中,且在只有一米多深的积水中有机会施救的情况下,放弃施救而选择逃跑,造成严重后果,应该追究其刑事责任。同时出租公司也应该吸取教训,切实有效地对出租车司机进行思想道德建设,还有加强对司机进行面对突发事件的应急处理能力的培训,在暴雨暴雪、地震、台风、楼宇坍塌或者自燃等突发事件中,教会司机如何进行简单的自救和救助车内乘客。车辆在行驶中,发生碰撞、碾轧、刮擦、翻车、坠车、爆炸、失火等造成人员或牲畜伤亡、车辆损毁、建筑物倒塌等均称为交通肇事。

任务8.1 汽车驾驶基本常识

8.1.1 汽车驾驶基本常识

1. 安全行驶

面对人、车、路、环境构成的复杂的道路交通状况,其因素的不确定性和变化性,决定了交通事故的随机性和偶然性。因而要求驾驶员有机敏、冷静的头脑,熟练的驾驶性能,确保安全行车。驾驶员在驾驶车辆中,遇到紧急情况应迅速决断,快速采取措施。同时要求驾驶员具备化险为夷或尽量减少损失的技术素质和化复杂情况为简单情况的能力。

2. 自控意识

复杂的社会现象和各种各样的矛盾都会影响驾驶人员。在这种情况下,要求驾驶员必须有较强的自我克制和解脱能力,保持良好的心态,专心致志地驾驶好车辆。所谓自控能力,就是在意志作用下约束和控制自己的言行的能力。在行车中,驾驶员不能有丝毫的马虎和任何失误,精神必须高度集中。如果自控能力差,不能保持良好的心态,带着个人情绪驾车,就有可能导致交通事故的发生,造成无法弥补的损失。

3. 会车注意事项

会车前,应看清来车动态及路面情况,适当降低车速,选择较宽阔、坚实的路段会车。做到"礼让三先",即先让、先慢、先停,会车时,要与来车保持较宽的横向距离。

4. 超车注意事项

超车要选择道路宽直、视线良好的道路。超越停驶车辆时,应减速鸣喇叭,注意观察,防止停驶车辆突然开启车门有人下车或其他行人和非机动车从停驶车辆前窜出。在夜间、雨天、雾天视线不良时,按交通法规规定,在泥泞冰雪道路上严禁超车。

5. 倒车注意事项

倒车时,驾驶员应事先下车观察周围情况,确认安全后,选择好地形、路线,并通过驾驶室后窗观察情况倒行。

6. 转弯注意事项

汽车驶近转弯处,要提前降低车速,再拐弯。拐弯时驾驶员必须估计本车的内轮差,否则会使后外侧轮越出路外,造成车身剐蹭行人或障碍物等。

7. 掉头时做到

汽车在掉头时,在保证安全的前提下,尽量选择广场、立交桥、岔路口或平坦、宽阔、土质坚实的地段进行。应尽量避免在坡道、狭窄路段或交通拥挤之处进行掉头。不能选择桥梁、隧道、涵洞、城门或铁路交叉道口进行掉头。

8. 停车注意事项

应选择道路宽阔、不影响交通的地方靠道路右侧停放。在坡道上停车,车停好后应挂上低速挡或倒挡,拉紧手制动,垫上三角木。在冰雪路上停车,提前减速,尽量运用发动机的牵制制动或灵活地运用手制动。

9. 弯路行驶注意事项

机动车运行速度较高,运行中有较大的惯性力和离心力。应提前减速,再转弯,对障碍物、险情要提早发现,根据情况做相应的处理。

10. 雨天行驶注意事项

出车前要认真检查制动器、雨刷器、灯光、喇叭、转向等机件,确认良好方可出车。行车时,车速要酌情放慢,前后车距要适当拉大,一般不要超车。遇到紧急情况,要及早采取措施,不要紧急转向和紧急制动,以防车辆横滑侧翻。车辆通过积水路段,通过前应探明水情,水深不能超过排气管。通过时车速要缓慢,中途不能熄火停车。

11. 雾天行驶注意事项

雾天能见度低,视线模糊,驾驶员难以看清道路情况,行车危险性大,除打开防雾灯和尾灯外,还应以很慢的速度行驶。如浓雾过大,应该停车,待雾散后再行驶。

12. 冰雪天气行驶注意事项

路面滑,附着力小,汽车后轮容易打滑空转。开车应做到缓慢起步,慢行,均匀车速。在转向、使用制动方面都应忌急,尽量少用制动,避免紧急制动。

13. 夜间行车注意事项

夜间行车,要做到灯光齐全,有效,符合规定。根据可见度控制车速,尽量不超车;必须超车时,应事先连续变换远近灯光,必要时用喇叭配合,在确定前车让路允许超越后,在进行超车。另外骑车人和行人在来车灯光照射下,发生目眩,看不清路面,所以还必须注意骑车人和行人的安全。

14. 处理动物冲至马路中央的办法

首先尽量不要鸣笛。同时应从后视镜看后面的道路交通情况,确保在避开动物的同时不会造成任何危险。

15. 紧急救护办法

快速地为伤者进行检查。如果伤者仍有知觉,则检查他是否神志清醒。如果神志不清,检查最重要的三件事,即呼吸、失血和骨折。如果受伤者停止呼吸,应马上对其进行嘴对嘴的人工呼吸。如果受伤者已休克则以心复苏法为他施救。抬高双脚超过头部,借以帮助血液循环;用大衣或被子包裹伤者来保持体温。如果怀疑伤者的颈部或脊椎受伤,千万不能移动他。如果伤员身体某部位出血,应以最快的速度为伤者止血。

16. 避免交通意外发生的办法

当紧跟在其他车辆后面时,应该时常保持清醒,提高警惕。驾驶时千万不能分神。预先以信号灯清楚并有效地与其他驾驶员沟通,以便让他们知道你的驾驶意图。采取预防性驾驶方法,预测其他公路使用者的驾驶意图,并在车子四周保留一个椭圆形的空间。集中注意力,不要关注与本身驾驶无关的事。

17. 节油的驾驶方法

加速时要均匀缓慢轻柔;提前制动,提前把脚从加速踏板上移开,然后利用车身的惯性滑行。缩短提档时间。造成费油的几种故障:

①发动机的怠速过高。

②轮胎气压不足。

③车轮前束不对。

18. 系安全带的注意事项

研究表明,使用安全带的乘客和驾驶员生存的机会要大得多,而且被抛离座位或撞出挡风玻璃而受重伤的机会也很小。在熟悉路线上行驶易分神,如果不系安全带事故造成的损伤要大得多。

19. 避免酒后开车注意事项

据统计,事故总数的一半都涉及饮酒。为了保全性命,应意识到即使一杯酒也可能影响到一个人的警觉,千万不能酒后驾车。如果自己确实已饮了酒,则应安排他人开车送你回家。

课后练习

1. 请简述造成汽车费用的几种故障。
2. 汽车上应必备哪些工具?
3. 冰雪天气行车应注意哪些安全注意事项?

任务8.2　交通标志

8.2.1　案例分析

《道路交通安全法》规定:"机动车通过交叉路口,应当按照交通信号灯、交通标志、交通标线或者交通警察的指挥通过;通过没有交通信号灯、交通标志、交通标线或者交通警察指挥的交叉路口时,应当减速慢行,并让行人和优先通行的车辆先行。"曹某驾驶重型货车通过路口时,南向北行方向的交通信号是红灯本应停止等候,但曹某违反交通信号灯规定通过路口,造成发现骑车人时无法及时采取避让措施,导致交通事故发生。

8.2.2 常规汽车标志

1.警告标志(图 8.2)

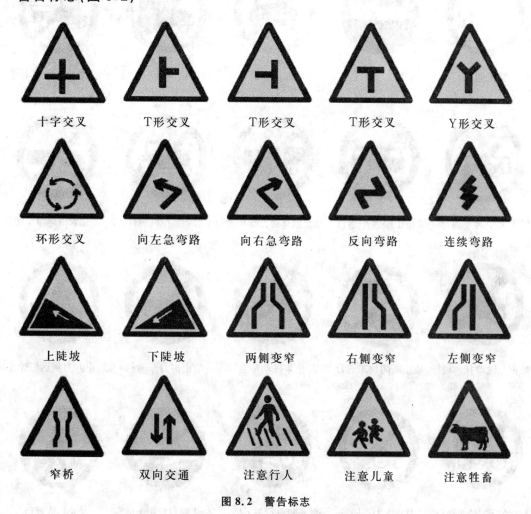

图 8.2 警告标志

2.禁令标志(图8.3)

禁止通行　　　　禁止驶入　　　　禁止机动车通行　　禁止载货汽车通行　　禁止三轮机动车通行

禁止大型客车通行　禁止小型客车通行　禁止汽车拖、挂车通行　禁止拖拉机通行　禁止农用运输车通行

禁止二轮摩托车通行　禁止某两种车通行　禁止非机动车通行　禁止畜力车通行　禁止人力货运三轮车通行

禁止人力客运三轮车通行　禁止人力车通行　禁止骑自行车下坡　禁止骑自行车上坡　禁止行人通行

禁止向左转弯　　禁止向右转弯　　禁止直行　　禁止向左向右转弯　禁止直行和向左转弯

图8.3　禁令标志

3. 指示标志(图 8.4)

向左和向右转弯　　靠右侧道路行驶　　靠左侧道路行驶　　立交直行和左转弯行驶　　立交直行和右转弯行驶

环岛行驶　　单行路（向左或向右）　　单行路（直行）　　步行　　鸣喇叭

最低限速　　干路先行　　会车先行　　人行横道　　右转车道

直行车道　　直行和右转合用车道　　分向行驶车道　　公交线路专用车道　　机动车行驶

机动车车道　　非机动车行驶　　非机动车车道　　允许掉头

图 8.4　指示标志

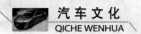

课后练习

1. 汽车行驶中常见交通标志有哪些?
2. 交通标志的作用是什么?

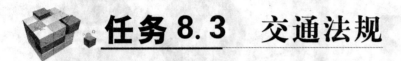

任务 8.3　交通法规

8.3.1　交通法规的发展

1. 法规意识

所谓交通法规意识,是人们对于各种交通法规的观点、态度的总称。具体来讲就是人们对现行交通法规的评价和解释,人们的法律动机(法律要求),对自己权利、义务的认识(法律感),对交通法规了解、掌握、运用的程度(法规知识),以及对行为是否合法的评价等。交通法规意识是整个法律意识的重要组成部分,也是社会意识的一部分,它同人们的道德、政治等观念紧密相连。

交通法规意识的结构,可概括为三个层次。

①交通法规知识(认识功能)。

②对交通法规的态度(评价功能)。

③守法的行为素养(调节功能)。

以上三个层次的作用和相互关系如下。

①交通法规知识的多少是人们对交通法规的态度和守法素养的认识基础。

②仅仅具有交通法规知识,并不能保证人们不去违犯交通规则。如果不尊重法规,法规知识本身是不能防止违犯法规行为的。

③虽然调节功能来源于个人对交通法规的态度和评价,但是,它又是相对独立的层次。调节功能实质上是一种对利益诱惑的抗御能力和对行为的自控能力,它表现在当个人意愿和需求与道德、法规产生矛盾时,能自觉地遵守道德、法规,以顽强的意志品质抑制个人各种错误的意念。调节功能的完善,表明个体社会化的成熟程度,它是防止各类交通违章和交通事故最重要的关口。当调节功能不够完善时,个体虽有较好的守法素养,也会受社会群体不守法的影响而不守法。例如个体不因无交警在场而闯红灯,但因见其他群体闯红灯,便也跟着闯红灯。

2. 遵守交通法规的重要性

(1)道路交通事故的危害和遵守交通法规的意义

①道路交通事故的危害。自从 1886 年汽车诞生至今,汽车给人们带来的利益与其带来的问题同样多。美国著名学者乔治·威伦研究了美国和其他一些国家的交通、消防与犯罪的问题后通过其著作《交通法院》告知世人:"人们应该承认,交通事故已经成为今天国家最大的问题之一。它比消防问题更加严重,这是因为每年交通死亡的人数日渐增多,遭受的财产损失更大;它比犯罪问题更加严重。这是因为交通事故跟整个人类有关,不管是强者还是弱者、富人还是穷人、聪明人还是愚蠢人,只要他

们在街道或公路上,每一分钟都可能遭遇交通事故。"

据有关方面统计,全世界每年死于交通道路事故的人数约60万之众,这相当于每年有一个中等城市被摧毁;因车祸受伤的人多达1 200万;在许多国家,交通事故引起的人员伤亡和经济损失,比火灾、水灾、意外伤害等灾难造成的人员伤亡总和及经济损失还大得多。因此称交通事故为"柏油路上的战争""文明世界的第一大公害"。

②我国的交通现状和强调遵守交通法规的现实意义。

a. 人多、车多、道路少。我国是个近13亿人口的大国,到2000年,全国的机动车保有量6 000万左右;全国公路通车总里程14.3万 km;静态比例为:人均车辆越0.5辆,而人均道路只有0.000 11 km;每辆车均道路占有量约为0.002 km;且其中90%的道路属于机动车与非机动车和行人混杂。近几年机动车辆数字还在急剧增加,道路超负荷承载,致使交通事故逐年增加。

b. 机动车驾驶员素质参差不齐。我国在改革开放后经济的迅速发展、人民生活水平的迅速提高,不仅单位汽车拥有量不断增加,而且汽车进入家庭已成为现实;相应的情况就是非职业机动车驾驶员队伍迅速扩大,使机动车驾驶员的整体素质更加参差不齐。那些驾驶能力较差、遵守交通法律、法规意识淡薄、出事较多的机动车驾驶员被"誉为""马路杀手"。可见低素质的机动车驾驶员在参与道路交通运行中对人们正常的生活构成的伤害。

c. 强调遵守交通法规的现实意义。我们不能因存在交通事故就因噎废食。综观世界各地,许多国家的汽车保有量远比我国高得多,而汽车道路交通事故却比我国低得多。如1994年时,我国的万车交通事故造成的人员死亡率为49.4人,北京市就达到了60人;而日本仅为1.9人;美国为2.6人;英国为2.9人。诸多原因中,遵守交通法律法规的主动、被动是重要的一项。遵守交通法律法规表现于两个方面:交通行政管理者的依法执法和道路使用者的守法行为。我们在这两方面都存在着欠缺:其一是交通行政管理主要侧重于事后管理,且时紧时松;其二是一些低素质的驾驶员和行人无视交通法律法规的存在,使我国的交通事故呈逐年上升的趋势。人员伤亡和经济损失惨重。因此,强调遵守交通法规的现实意义就在于,尽可能地减少交通事故对道路交通参与者的生命健康的威胁和对经济利益的负面影响。

3. 基本交通法规

公安部10月8日公布了最新修订的《机动车驾驶证申领和使用规定》,新交通规则严格了对驾驶员的管理。最新交通法规扣分细则也更为严格,闯红灯交通违法记分将由3分提高到6分,不挂号牌或遮挡号牌的一次就将扣光12分。

最新交通法规中关于校车驾驶人管理的内容自发布之日起施行,其他规定将于2013年1月1日起正式施行。2013年新交通规则提高了违法成本,记分项也由38项增加至52项。

具体扣分细节如下:

交通违法的处理:

①闯红灯,记6分,罚100元。

②酒驾,5年内不得再考取驾照。

③不系安全带,记3分,罚100元。

④副驾不系安全带,记1分,罚50元。

⑤行驶途中拨打手机,记3分,罚100元。

⑥行驶途中抽烟,记1分,罚100元。

⑦有意遮挡号牌,记12分,顶额处罚。

⑧超速驾驶,记6分。

从2012年7月起,7种摄录违法(非现场处罚)罚款+记分(摄录罚款):

①闯红灯,罚款200元。

②不按导向车道行驶,罚款 200 元。
③违反禁止标线行驶,罚款 100 元。
④超速行车,罚款 200 元。
⑤机动车走非机动车车道,罚款 100 元。
⑥逆行,罚款 200 元。
⑦违停车,罚款 200 元。

4. 驾驶车辆一次记 12 分的违法行为

①驾驶与准驾车型不符的机动车的。
②饮酒后驾驶机动车的。
③驾驶营运客车(不包括公共汽车)、校车载人超过核定人数 20% 以上的。
④造成交通事故后逃逸,尚不构成犯罪的。
⑤上道路行驶的机动车未悬挂机动车号牌的,或者故意遮挡、污损、不按规定安装机动车号牌的。
⑥使用伪造、变造的机动车号牌、行驶证、驾驶证、校车标牌或者使用其他机动车号牌、行驶证的。
⑦驾驶机动车在高速公路上倒车、逆行、穿越中央分隔带掉头的。
⑧驾驶营运客车在高速公路车道内停车的。
⑨驾驶中型以上载客载货汽车、校车、危险物品运输车辆在高速公路、城市快速路上行驶超过规定时速 20% 以上或者在高速公路、城市快速路以外的道路上行驶超过规定时速 50% 以上,以及驾驶其他机动车行驶超过规定时速 50% 以上的。
⑩连续驾驶中型以上载客汽车、危险物品运输车辆超过 4 小时未停车休息或者停车休息时间少于 20 分钟的。
⑪未取得校车驾驶资格驾驶校车的。

5. 日常生活注意的交通法规

①自驾车外出旅行前要进行必要准备。携带驾驶证、行驶证、公路安全行车指南和公路交通地图,了解沿途路况信息和天气情况。对车辆转向、制动、轮胎、灯光等安全设施进行检查,不要驾驶有安全隐患的车辆。
②保持安全车速。在道路上行驶,车速不要超过限速标志、标线标明的速度,要时刻保持安全车速,拒绝超速。
③保持安全距离。驾驶人要时刻保持车辆纵向与横向的安全距离,谨慎驾驶,避免交通伤害。
④谨慎通过路口。路口是交通情况复杂的地方,驾驶人在接近路口时要减速慢行,观察前方的交通情况,确认安全后谨慎通过路口。
⑤谨慎通过弯道、坡道。车辆驶近急弯、坡顶等安全视距不足的路段,应当在本方车道内行驶,提前减速,勿超车,必要时鸣喇叭示意。
⑥拒绝疲劳、酒后驾车。节日走亲访友、聚会频繁,司机朋友切勿酒后驾驶。饮酒导致人运动机能低下,反应迟钝,行动迟缓,判断失准,疲劳使驾驶人的注意力不稳定、视野狭窄、视线模糊和反应迟钝。
⑦拒绝超员、超载。车辆超员、超载,容易引发爆胎、突然偏驶、制动失灵、转向失控等,导致交通事故的发生。为了您的安全,驾驶人应按照车辆核定数载客、载货,切忌超员、超载。
⑧系好安全带。使用安全带可减轻事故发生时驾驶人与车辆顶棚、前窗玻璃、转向盘等发生猛烈撞击的程度,增大生存的几率。因此,驾乘机动车时要系好安全带。
⑨注意避让行人。机动车驾驶人在行经斑马线时要减速行驶。遇斑马线上行走的行人时,要停车让行。
⑩儿童乘车不要坐前排。儿童乘车坐后排是重要的安全措施,有条件的要配备儿童专用安全坐

椅,减轻车辆在紧急制动或发生事故时对儿童的伤害。

⑪驾车勿拨打或接听手机。驾驶车辆时,驾驶人接打电话会分散驾驶人的注意力,易出现反应迟钝、措施不当等情况。因此,驾驶人不得在行车中拨打或接听手机。

⑫冷静处理意外。出游途中车辆发生故障或意外需停车时,要立即开启危险报警闪光灯,将车辆移至不妨碍交通的地方停放;难以移动的,应当持续开启危险报警闪光灯,并在来车方向设置警告标志。高速公路设置警告标志应在来车方向150 m以外,车上人员应迅速转移到安全地带,防止发生二次事故,并立即报警。

课后练习

1. 日常生活注意的交通违法的处理有哪些?
2. 从2012年7月起,哪7种摄录违法(非现场处罚)罚款＋记分?

扩展阅读

做文明的汽车人

搜狐汽车俱乐部全体车友联合发起"拒绝无德驾驶,做文明汽车人"活动,如图8.6所示,号召广大车友积极参与交通文明建设,在此,代表搜狐汽车俱乐部全体车友向全体交通参与者发出倡议:增强交通安全意识,珍惜和爱护生命,切实负起社会责任,拒绝无德驾驶,做文明汽车人。文明行车应做到以下几点。

图8.6 "做文明汽车人"活动号召者

1. 遵守交规控制车速

这条很基本,相信大家都能做到。

2. 绿色用油关注环保

例如:不猛踩油门,不但环保而且省油。

3. 停车熄火节约能源

停车等候时,发动机最好熄掉,节约能源不能忽视。

4. 定期检测尾气达标

少一辆污染车,我们就多一分清新空气。

5. 变线示意保持车距

做到这一条,北京的剐蹭事故数量一定能大幅下降。

6. 市区行驶少鸣喇叭

控制一下情绪,按喇叭并不能解决问题。

7. 各行其道礼让行车

没有规矩不成方圆,宁停三分不抢一秒。

8. 停车入位禁占盲道

方便自己也不妨碍他人。

9. 烟头垃圾不扔窗外

举手之劳做环保,千万不要变成举手之劳造污染。

10. 车容整洁文明用语

参考文献

[1] 王世震,张松青. 汽车概论[M]. 北京:高等教育出版社,2008.
[2] 张文华,王明辉. 汽车文化[M]. 北京:高等教育出版社,2007.
[3] 林平. 汽车夜话[M]. 北京:电子工业出版社,2005.
[4] 李兴虎. 汽车环境保护技术[M]. 北京:北京航空航天大学出版社,2006.
[5] 陈燕. 汽车文化概论[M]. 北京:人民交通出版社,2010.
[6] 吴东平,易红雁. 汽车文化[M]. 北京:化学工业出版社,2009.
[7] 张兴华. 汽车文化[M]. 北京:中国地质大学出版社,2012.

参考文献

[1] 王细顺,陈振海. 汽车构造[M]. 北京:高等教育出版社,2008.
[2] 朱文华. 汽车底盘构造与维修[M]. 北京:旅游教育出版社,2002.
[3] 林平. 汽车发动机[M]. 北京:电子工业出版社,2005.
[4] 李春明. 汽车车辆构造与技术[M]. 北京:北京航空航天大学出版社,2008.
[5] 陈焕江. 汽车文化概论[M]. 北京:人民交通出版社,2010.
[6] 吴东方,冯金芝. 汽车文化[M]. 北京:清华大学出版社,2009.
[7] 张利国. 汽车文化[M]. 北京:中国电力出版社,2012.